AME D'ENFANT

ÉMILE COLIN — IMPRIMERIE DE LAGNY

TH. DOSTOIEWSKY

AME D'ENFANT

ADAPTÉ DU RUSSE

PAR

E. HALPÉRINE KAMINSKY

PARIS

C. MARPON & E. FLAMMARION, ÉDITEURS

26, RUE RACINE, PRÈS L'ODÉON

Tous droits réservés.

AME D'ENFANT

Je m'éveillai dans un lit bien blanc et bien doux et j'aperçus autour de moi, dans la chambre, des tapis épais, des meubles magnifiques. Le demi-jour qui filtrait entre les rideaux demi-clos de la fenêtre immense mettait sur toutes choses un air fantastique et mystérieux.

Est-ce que je rêvais ?

Non, c'était bien la réalité telle que la mort me l'avait faite, et cette demeure princière ajoutait à mon désespoir.

J'étais bien une orpheline, j'étais seule désormais, et chez des étrangers.

Pour la première fois je regrettai en pleurant notre triste mansarde ; le mobilier incrusté d'écaille de la maison du prince ne pouvait me faire oublier le vieux divan et la commode boiteuse familiers à ma première enfance.

Je fus bientôt rétablie et pus faire connaissance avec la maison et avec ses hôtes, car mes premiers souvenirs, quand on m'avait ramassée dans la rue, s'étaient dissipés comme un affreux cauchemar et je ne revoyais clairement que la physionomie douce et grave du prince.

J'observai dès les premiers jours les nouveaux visages et tâchai de me familiariser avec eux.

Tout dans cette maison me paraissait extraordinaire ; je revois encore ces pièces immenses et somptueuses, ces salles si longues que j'avais peur de les traverser et que je craignais de m'y perdre.

Je n'étais pas guérie tout à fait et mon état d'esprit était, comme cette habitation, solennellement triste. Une angoisse inconnue remplissait mon cœur d'enfant. Je m'arrêtais parfois étonnée devant un tableau, un miroir, une cheminée d'un travail curieux, où une statue, qui semblait me guetter dans sa niche profonde, me suivait du regard et me faisait peur.

J'avais vu bien peu de personnes pendant ma maladie. Seul, un vieux monsieur, aux yeux bleus et doux, me tenait parfois compagnie.

J'aurais bien voulu lui parler, mais j'étais retenue par une sorte de frayeur. Il était toujours triste et ne me causait que par caprices. C'était le prince, mon bienfaiteur, celui même qui m'avait recueillie dans la rue.

Il m'apportait des bonbons, quelques friandises, des livres d'images, et s'efforçait de me rendre plus gaie.

Un jour il m'annonça que j'allais avoir bientôt une amie de mon âge, sa fille Katia, qui était alors à Moscou.

Ce fut pour moi une grande joie, car en dehors du prince personne jusque-là n'avait paru me porter intérêt dans la maison. Le prince d'ailleurs vivait fort retiré et la princesse était parfois des semaines entières sans le voir.

On eût dit qu'il n'habitait pas sa maison.

Un matin pourtant on m'habilla et on me coiffa avec plus de soin que de coutume, on me mit une robe neuve à galons blancs, ce qui m'étonna beaucoup. Ces préparatifs terminés, je fus conduite dans les appartements de la princesse. Sa seule présence me fit perdre contenance; j'étais éblouie à la fois par le luxe de l'ameublement et les manières de la grande dame.

Je m'étais bien, en m'habillant, préparée à une séance pénible, mais je ne pensais pas que je serais aussi impressionnée.

Le malheur m'avait rendue défiante et craintive à l'excès. Je tremblais en baisant la main de ma bienfaitrice et me trouvai incapable de répondre un mot à ses questions.

C'était une dame bien belle, mais qui me semblait si au-dessus de moi que je n'osais même pas la regarder.

Elle me fit asseoir sur un tabouret tout près d'elle et voulut faire connaissance avec cette petite sauvage dont elle voulait être la mère. Je ne sus qu'être maussade et renfermée, ce qui la surprit et la découragea peut-être, car elle me donna un livre d'images et se mit à écrire des lettres.

Je feuilletais le livre mais j'étais mal à l'aise. Je me sentais examinée par une étrangère et j'aurais voulu être bien loin.

Quand elle me parlait je ne pouvais répondre que par monosyllabes et ma timidité ressemblait fort à de la bêtise.

On s'attendait sans doute à découvrir en moi une enfant extraordinaire et l'on ne trouvait qu'une sotte petite fille.

Je sentais que j'avais déplu tout d'abord et ma gaucherie en augmentait.

J'aurais donné bien des choses en ce moment pour pouvoir être aimable, mais le chagrin me montait à la gorge, et après tout je n'étais qu'une enfant de dix ans.

A trois heures commencèrent les visites. Je crus que mon supplice allait finir et que je pouvais quitter mon malheureux livre d'images pour me réfugier dans un coin : je me trompais.

Il arriva, l'une après l'autre, une quantité de personnes auxquelles la princesse me présenta comme un petit phénomène. Elle avait alors pour moi toutes sortes d'attentions qui me gênaient de plus en plus. Je me rappelle d'un petit monsieur vieux et maigre qui me regardait avec un monocle et qui était tout parfumé ! Un autre voulut m'embrasser.

Quand il y eut beaucoup de monde réuni dans son salon, la princesse crut le moment opportun pour raconter mon histoire.

J'en fus vraiment confuse ; je ne sais si j'étais rouge ou pâle, mais mon cœur était bouleversé.

Il était bien triste pour moi d'entendre raconter à des indifférents, que ce père que j'avais tant aimé était une espèce de musicien, à moitié fou, un homme extraordinaire incompris jusqu'à sa mort; que l'arrivée du musicien Schurmann à Pétersbourg avait fini par lui détraquer la cervelle et avait été la cause de sa mort tragique. Que ma mère enfin était une pauvre femme que la misère avait tuée et qui avait cru jusqu'au dernier jour au génie de son mari.

Tout cela, je me le rappelais avec un morne désespoir et je cachais mes larmes tandis que les messieurs bien gantés faisaient cercle autour de ma bienfaitrice, poussant des petits grognements et jetant sur moi de temps à autre des regards tout remplis de méprisante compassion.

Quelle cruauté que cette présentation! On croyait sans doute que je ne savais rien, que je ne sentais rien, qu'à dix ans on ne peut souffrir de l'amour-propre et du cœur.

J'étais orgueilleuse je ne sais pourquoi. J'étais fière d'être la fille de mon père, de ce pauvre fou qui m'avait laissée un jour dans la neige pour s'en aller à la mort.

Je me reportais à mon passé, à notre vie dans un grenier, à ces longues soirées silencieuses, et les sanglots me montaient à la gorge... J'aurais voulu m'enfuir quelque part sous la terre. Je ne connaissais pas la vie et déjà j'aurais voulu être morte...

Enfin les visites se terminèrent.

La princesse n'était pas satisfaite de sa protégée, aussi me renvoya-t-elle d'un air maussade, peu flattée de mon entrée dans le monde.

II

Je fus bien contente lorsqu'on me reconduisit dans les appartements du haut où se trouvait ma chambre.

J'avais la fièvre en m'endormant; tout ce que j'avais vu ce jour-là me tourmentant, je fis de mauvais rêves.

Je m'étais aperçue bien vite que j'avais déplu à la princesse, toujours est-il qu'elle ne me fit pas revenir chez elle.

J'étais au fond très heureuse de ma solitude. J'aimais à courir dans les appartement, à me cacher dans les coins et derrière les meubles pour observer les gens de la maison sans crainte de les fâcher.

Cette existence nouvelle avait pour moi beaucoup

d'attraits au point que j'en oubliais la terrible catastrophe qui l'avait précédée.

Seuls, les événements anciens revenaient à ma mémoire, et surtout le violon de mon père, et cette idée qu'il était un grand génie.

J'étais libre, et pourtant je me sentais très-surveillée par les domestiques et je m'en inquiétais. Je ne comprenais pas pourquoi on agissait ainsi avec moi. Il me semblait qu'on avait des desseins sur moi, qu'on voulait m'employer à quelque chose.

Je cherchai à pénétrer dans les endroits les plus secrets de la maison afin de m'y cacher au besoin.

Un jour j'arrivai dans un grand escalier de marbre, large, couvert de tapis, orné de fleurs et de magnifiques vases. A chaque palier, deux grands domestiques silencieux, en habit écarlate, gantés et cravatés de blanc, se tenaient debout. Je les regardai, étonnée, sans comprendre pourquoi ils restaient ainsi muets et immobiles.

Ces promenades solitaires me plaisaient par-dessus tout. A l'étage supérieur habitait une vieille tante du prince, qui ne sortait presque jamais de sa chambre. Elle était avec le prince le personnage le plus important de la maison. Dans ses relations avec elle, tout le monde observait une étiquette sévère.

La princesse, si orgueilleuse et si hautaine, lui faisait visite deux fois par semaine.

Ces visites étaient courtes et solennelles.

La haute société s'était jadis fait un devoir de rendre ses respects à cette vieille dame considérée comme une des gardiennes des dernières traditions aristocratiques, une relique vivante des boyards de pur sang.

Invariablement vêtue d'une robe de laine noire, la vieille tante portait des cols bien plissés, qui lui donnaient l'air d'une religieuse. Elle allait régulièrement à la messe en voiture, ne quittait pas son chapelet, recevait des ecclésiastiques, lisait des livres pieux, faisait maigre tous les jours et menait en somme une vie très austère.

On n'entendait aucun bruit à l'étage qu'elle habitait, et le moindre tapage lui était insupportable.

Quinze jours après mon arrivée dans la maison, la vieille tante s'aperçut de ma présence et s'en informa.

On lui raconta mon histoire et elle se plaignit de ce qu'on ne m'eût pas encore présentée.

Le lendemain, je fus coiffée, lavée, tiraillée de tous les côtés par les bonnes qui s'occupaient de moi ; après m'avoir appris à marcher et à saluer, on demanda pour moi une audience.

La réponse fut qu'on remettait la visite au lendemain, après la messe.

Je dormis mal cette nuit-là, et on me raconta ensuite que j'avais rêvé tout haut de la vieille dame. Je m'approchais d'elle et la priais de me pardonner quelque chose.

La présentation se fit enfin.

Je trouvai, assise dans un grand fauteuil, une petite vieille, maigre. Elle me fit plusieurs signes de la tête et, pour me voir mieux, posa ses lunettes sur son nez.

Je voyais que je ne lui plaisais pas du tout. J'étais pour elle tout à fait sauvage, ne sachant ni faire la révérence, ni baiser la main. La tante me questionna, mais je lui répondis à peine. Et quand elle m'interrogea sur mon père et sur ma mère, je me mis à pleurer. Mécontente de ma trop grande sensibilité, elle me consola pourtant en disant d'avoir confiance en Dieu. Elle me demanda quand j'étais allée à l'église pour la dernière fois. Et comme je ne comprenais pas trop bien, car mon éducation religieuse avait été très négligée, elle resta stupéfaite. On fit demander la princesse, on tint conseil, et il fut décidé qu'on me conduirait à l'église le dimanche suivant. La tante promit de prier pour moi jusque-là, mais, en attendant, elle ordonna de m'emmener, car je laissais après moi une impression pénible, disait-elle. Il n'y avait là rien de surprenant.

Le même jour, elle envoya dire que je faisais trop de bruit et qu'on m'entendait de partout ; or, je n'avais pas bougé de la journée. Il était clair que la vieille ne m'aimait pas. Le lendemain on me fit la même observation. Puis il m'arriva de laisser tomber une tasse et de la briser. La gouvernante française et les bonnes furent consternées. On me mena alors, pour jouer, dans la chambre la plus écartée.

Voilà pourquoi j'étais heureuse d'errer dans les grandes salles d'en bas, sachant que là, au moins, je ne gênais personne.

Un jour, seule dans un des salons, j'avais caché mon visage dans mes mains, et je restais ainsi à rêver.

Je pensais, je pensais toujours. Mon esprit, encore peu développé, ne s'expliquait pas ce chagrin qui me devenait de plus en plus insupportable. Tout à coup, une voix douce me demanda :

— Qu'as-tu ? ma pauvre petite.

Je levai la tête ; le prince était devant moi. Son visage exprimait la plus grande commisération. Je le regardai d'un air douloureusement affecté, une larme coula de ses yeux.

— Pauvre orpheline, dit-il en me caressant les cheveux.

— Non ! non ! pas orpheline ! non ! m'écriai-je en gémissant. Je me levai, je saisis sa main que je baisai en la mouillant de mes pleurs et je continuai d'une voix suppliante :

— Non, non, pas orpheline, non !

— Mon enfant, qu'as-tu ? ma mignonne, ma pauvre Netotchka ! Qu'as-tu donc ?

— Où est ma maman ? où est ma maman ? criai-je en sanglotant, sans pouvoir me contenir, et je tombai à genoux.

— Où est ma maman ? dis-moi où est ma maman ?

— Pardonne-moi, mon enfant ! Hélas ! je la lui ai rappelée ! Qu'ai-je fait ? Viens avec moi, Netotchka.

Il me prit la main et nous sortîmes.

Le prince était très ému. Nous entrâmes dans une grande salle comme je n'en avais jamais vue. C'était une chapelle. Il y faisait sombre. La flamme des veilleuses se reflétait sur les ornements dorés et sur les pierres précieuses des images saintes. Les saints se dessinaient en noir sur un fond d'or éclatant. Cette salle ne ressemblait en rien aux autres pièces de la maison; tout y était mystérieux et solennel.

Le prince me fit mettre à genoux devant l'image de la sainte Vierge et s'agenouilla auprès de moi.

— Fais ta prière, mon enfant? nous prierons ensemble ! — me dit-il à voix basse.

Mais je ne pouvais prier tant j'avais peur.

Le prince venait de me répéter les mêmes paroles que m'avait dites mon père devant le corps inanimé de ma mère ; je tombai dans une crise de nerfs. Il fallut m'emporter dans mon lit.

III

J'étais de nouveau malade quand un matin, un nom connu frappa mes oreilles. C'était celui de Schurmann. Quelqu'un de la maison l'avait prononcé près de mon lit. Je tressaillis à ce nom et j'en rêvai jusqu'au délire.

Je me réveillai très tard. Tout était sombre autour de moi. La veilleuse s'était éteinte et la bonne qui me gardait s'était absentée. Soudain j'entendis les sons mélodieux d'une musique lointaine. Parfois elle cessait tout à fait, puis elle recommençait, en paraissant se rapprocher. Une émotion extraordinaire s'empara de moi. Je me levai, et m'habillai à la hâte (je ne sais où j'en trouvai la force); je sortis de la chambre à tâtons.

Je traversai deux pièces désertes. J'arrivai dans le corridor. La musique était déjà plus distincte. Un escalier très éclairé me conduisit dans les salons du rez-de-chaussée. J'entendis des pas et je me blottis dans un coin ; puis le bruit s'éteignit et je pénétrai dans un second corridor. La musique partait d'une pièce voisine. On y entendait un bruit de conversation, comme s'il y avait là des milliers de personnes. Une des portes de cette salle était cachée par une double portière de velours pourpre. Je soulevai un des pans de la tenture et je me cachai derrière. Mon cœur battait si fort, que je pouvais à peine me tenir debout. Quelques instants s'écoulèrent. Je maîtrisai mon trouble et je soulevai un coin de la seconde portière. Mon Dieu ! c'était ce grand et lugubre salon où je craignais tant d'entrer autrefois ; il était éclairé aujourd'hui par des milliers de lumières. Il me semblait que je baignais dans une mer de clarté ! Mes yeux habitués à l'obscurité ne pouvaient soutenir tant d'éclat.

Une atmosphère aromatisée et un air chaud me frappaient au visage. Une quantité de personnes marchaient de tous côtés. Tout le monde me paraissait très gai ; les dames portaient de splendides costumes ; je voyais tous les yeux briller de satisfaction. J'étais émerveillée. Je croyais avoir déjà vu cela dans un rêve. Je me rappelai en même temps notre grenier à la nuit tombante ; la haute fenêtre d'où l'on apercevait la rue, tout en bas, avec ses réverbères allumés, puis les fenêtres de la maison aux rideaux rouges, les voitures stationnant devant le perron, les hennissements des équipages, les cris, les ombres passant derrière les vitres et la musique lointaine..... Voilà donc où était ce paradis ! Voilà où je voulais venir avec mon pauvre père..... Ce n'était pas un rêve..... Oui ! C'est bien ainsi que je l'avais vu dans mes songes !... Mon imagination surexcitée par la maladie, était en feu, et dans un transport inexplicable, je me mis à pleurer. Je cherchai des yeux mon père.

— Il doit être ici ! Il est ici !..... pensai-je.

Mon cœur à cet espoir battit plus vite. Je sentis la respiration me manquer. Cependant la musique se tait et j'entends dans le salon immense comme un murmure d'admiration.

Je regarde, les yeux grands ouverts tous ces visages qui passent devant moi, mais sans les reconnaître. Alors se produit un mouvement extraordinaire.

Un vieillard grand et maigre monte sur une estrade magnifiquement ornée.

Son visage pâle est souriant. Il salue gauchement de tous les côtés. Il a un violon à la main. Le silence se fait aussitôt profond, religieux, et chacun même semble retenir son souffle.

Tous les regards sont fixés sur le grand vieillard.

Tout à coup les cordes frémissent et vibrent sous l'archet.

Une angoisse terrible s'empare de moi. J'écoute de toutes les forces de mon âme. Il me semble qu'une fois déjà j'ai entendu les sons qui frappent mon oreille. La voix de l'instrument s'élargit, se multiplie, monte, se confond en gémissements désespérés.

On dirait qu'elle supplie cette foule, qu'elle me parle, à moi... Mes souvenirs se réveillent poignants et douloureux. Je serre les dents pour ne point crier, je me retiens aux rideaux pour ne pas tomber. Je revois cette nuit où mon père..... Il a joué ce même air, plus de doute. Il n'est pas mort, c'est lui qui est là, c'est son violon dont la voix vient de fendre mon âme...

— Père ! Père !... Ce fut un éclair dans ma tête... Il est ici ! C'est lui ! Il m'appelle ! C'est son violon ! . . . .

Des applaudissements bruyants éclatèrent dans la salle ; en même temps un sanglot aigu s'échappa de ma poitrine. Je n'y tiens plus... Je soulève la portière et je me précipite dans le salon.

— Papa ! Papa ! c'est toi ! Où es-tu ? m'écriai-je.

Je ne sais comment j'arrivai jusqu'au grand vieillard. Tout le monde s'était écarté, pour me laisser passer. Je me jetai sur lui avec un cri frénétique. Je croyais avoir retrouvé mon père !... Tout à coup je me sentis enlevée par des mains longues et maigres. Des yeux noirs me fixaient ; leur flamme paraissait vouloir me brûler. Je regardai le vieillard.

— Non ! Ce n'était pas mon père, c'était son assassin !.....

IV

Quelle fatalité avait voulu me faire rencontrer Schurmann dans cette maison même où l'on m'avait recueillie après la mort épouvantable des miens?

Etais-je poursuivie par le destin, moi pauvre enfant qui ne demandais qu'à vivre et que le malheur avait déjà si cruellement éprouvée? Déjà j'avais tant souffert et j'avais connu si peu de joies que je pouvais bien le croire.

Mon père, pauvre musicien sans chance et sans fortune n'avait pu me donner aucune de ces choses qui font trouver la vie belle, mais du moins il m'avait aimée.

Toute ma première enfance avait d'ailleurs été

désolée. Vainement je chercherais à me souvenir d'un seul jour de bonheur. De cette existence bornée par les murs d'une chambre basse il m'est resté dans l'âme une tristesse décevante.

Je me rappelle de notre chambre, la veilleuse brûlante dans un coin sombre devant les icones, le lit où je couchais avec ma mère, le froid de la nuit et mes cauchemars d'enfant. Je revois la petite fenêtre haute, qui devait nous donner du soleil et devant laquelle le ciel sombre, coupé par les lignes monotones des toits, se déroulait à l'infini.

Notre mobilier comprenait un vieux canapé recouvert d'une toile cirée crevée et grasse, d'une table de bois commun, de deux chaises de paille, et encore d'une commode boiteuse, du lit de ma mère et d'un paravent déchiré.

Quel contraste avec les splendeurs du palais que j'habitais aujourd'hui! Je me souviens de l'aspect de notre taudis le soir à la nuit tombante. Il y avait à terre des chiffons, des bouteilles cassées, de la vaisselle de bois. Et, au milieu de tout cela, mon père ivre et ma mère pleurante.

C'était une nature étrange que celle de mon père, du moins de celui qui m'a servi de père, car je n'ai pas connu le mien et mon beau-père avait épousé ma mère lorsque j'étais âgée déjà de trois ans.

Il était né musicien, fut violoniste de grand talent, mais la misère et l'alcool l'avaient peu à peu fait descendre cette pente fatale qui aboutit à la folie.

C'était l'ambition et la conscience de sa valeur artistique qui l'avaient fait venir à Pétersbourg. Là, il n'avait pu renoncer à ses habitudes d'ivrognerie, s'était senti baisser et n'avait pu survivre à la ruine de son talent.

Il s'était marié avec ma mère, pauvre souffre-douleur, dans l'espoir que les mille roubles qu'elle avait en dot et qui lui provenaient de son premier mari suffiraient à lui donner l'indépendance nécessaire pour qu'il pût continuer sa carrièrr artistique. Et pendant huit années qu'il vécut avec elle ce fut à peine s'il toucha à son violon. Son talent manquant de pratique ne lui permettait plus guère qu'un emploi de violoniste au théâtre. Or il ne pouvait souffrir quelque chose de secondaire.

Il se vengeait sur ma mère de son abaissement. Il lui en voulait de notre pauvreté et se laissa tellement envahir par le vice que sa tête se perdit.

Il avait juré qu'il ne toucherait plus son violon avant la mort de sa femme. Il a tenu parole. Il n'a repris son violon que le jour où mourut ma mère; il l'a repris parce que ce Schurmann, ce vieillard que je venais d'entendre, était venu à Pétersbourg et que lui était jaloux de la gloire de ce musicien.

Et c'est quand il avait voulu jouer ce morceau, triomphe du maître, que se sentant vaincu, sa raison s'en était allée, qu'il était devenu fou et que moi j'étais devenue orpheline.

V

Un jour, dans la seconde et dernière période de ma maladie, en ouvrant les yeux, j'aperçus la tête d'une enfant penchée sur moi. C'était une fillette de mon âge : son premier mouvement fut de me tendre la main. En jetant les yeux sur elle, mon âme eut un doux pressentiment de bonheur. Imaginez-vous un petit visage idéalement beau, d'une beauté éclatante, devant laquelle on s'arrête attendri, confus, en extase, et à qui l'on est reconnaissant parce qu'elle existe, parce que son regard est tombé sur vous ou seulement parce qu'elle a passé près de vous. C'était Katia, la fille du prince, qui arrivait de Moscou. Elle souriait à chacun de mes mouvements et mes nerfs affaiblis en étaient délicieusement impressionnés.

La petite princesse appela son père, qui, à deux pas, parlait au médecin.

— Ah ! enfin ! Dieu merci ! Dieu merci ! dit le prince en me prenant la main, et son visage s'éclaircit :

— Je suis content ! je suis content ! je suis très content ! poursuivit-il vivement, comme il en avait l'habitude. Et voici Katia, ma petite-fille ! Faites connaissance ! Tu as maintenant une amie ! Guéris-toi vite, Netotchka ! Méchante que tu es ! Comme tu m'as fait peur !...

Mon rétablissement fut très rapide. Au bout de quelques jours, je me promenais dans la chambre. Chaque matin, Katia s'approchait de mon lit, souriante ; j'attendais sa venue comme un bonheur. J'aurais tant souhaité l'embrasser. Mais la méchante petite fille était si vive qu'elle ne pouvait rester une minute en place. Courir, sauter, faire du bruit dans toute la maison semblait lui être absolument indispensable. Aussi me déclara-t-elle dès le premier jour qu'elle s'ennuyait chez moi, qu'elle y viendrait rarement et encore ne le ferait-elle que par pitié pour moi et parce qu'elle ne pouvait faire autrement. Mais quand je serais rétablie, cela irait mieux entre nous. Et chaque matin sa première question était :

— Eh bien, es-tu guérie ?

Et en voyant mon visage pâle et amaigri, mon timide sourire, la petite princesse fronçait les sourcils, secouait la tête, et, de dépit, frappait le plancher de son petit pied.

— Ne t'ai-je pas recommandé hier d'aller mieux ? Quoi ! on ne te donne peut-être pas assez à manger ?

— Oui, on me donne peu ! répondis-je intimidée, car j'étais déjà honteuse devant elle. Je souhaitais de toutes mes forces lui plaire ; je mesurais chacune des paroles que je lui adressais. Son apparition me rendait heureuse chaque jour davantage. Je ne la quittais pas des yeux. Et quand elle s'en allait, je continuais de regarder, émerveillée, du côté de la porte par où elle avait disparu. Elle figurait dans mes rêves. Et pendant le jour, lorsqu'elle était absente, j'imaginais des conversations avec elle, je devenais son amie, je jouais, je faisais des espiègleries, je pleurais avec elle quand on nous grondait, en un mot, je pensais à elle continuellement comme si j'en eusse été amoureuse. Je désirais ardemment guérir et engraisser le plus vite possible, comme elle m'y engageait.

Lorsque Katia accourait chez moi le matin et que son premier mot était :

— Eh bien, tu n'es pas guérie ! Tu es encore maigre !

Je tremblais comme une coupable. Mais pourtant l'étonnement de Katia était sérieux quand elle constatait que vingt heures n'avaient pu suffire à ma guérison, et elle finissait par se montrer sérieusement fâchée contre moi.

— Eh bien, veux-tu? Je t'apporterai un gâteau aujourd'hui! me dit-elle un jour, mange ; tu engraisseras plus vite !

— Apporte ! lui répondis-je, tout heureuse à l'idée que je la reverrais.

Après avoir pris des nouvelles de ma santé, la petite princesse s'asseyait généralement sur une chaise en face de moi et me regardait avec ses yeux noirs. Même, dans les commencements, quand nous faisions connaissance, elle me considérait avec un étonnement naïf. La conversation ne s'engageait pas. Les sorties brusques de Katia m'intimidaient, tandis que je mourais du désir de lui parler.

— Eh bien, pourquoi ne dis-tu rien? commençait Katia après un silence.

— Que fait ton papa? demandai-je, heureuse de trouver quelque chose à dire.

— Rien! Papa va bien! J'ai bu aujourd'hui deux tasses de thé au lieu d'une seule. Et toi, combien?

— Une seule.

Un nouveau silence.

— Falstaff a voulu me mordre.

— Est-ce un chien?

— Oui, c'est un chien! Ne l'as-tu pas encore vu?

— Non, si! je l'ai vu!

Et comme je ne savais plus que répondre, la petite princesse me regardait de nouveau tout étonnée.

— Eh bien, cela t'amuse-t-il quand je cause avec toi.

— Oui, beaucoup! Viens me voir plus souvent.

— On me l'a dit, d'ailleurs, que tu serais heureuse de me voir. Mais il faut que tu te lèves bientôt. Allons, je t'apporterai un gâteau aujourd'hui... Mais pourquoi ne dis-tu rien?

— Pour rien.

— Tu réfléchis probablement toujours.

— Oui, je réfléchis beaucoup.

— On me dit à moi que je parle beaucoup et que je ne réfléchis pas assez. Est-ce donc mal de parler?

— Non! je suis contente quand tu parles.

— Hum! Hum! je le demanderai à Mme Léotard. Elle sait tout... Et à quoi penses-tu?

— C'est à toi que je pense! répondis-je après un silence.

— Cela t'amuse-t-il?

— Oui.

— Tu m'aimes alors?

— Oui.

— Moi, je ne t'aime pas encore, tu es si maigre! Attends. Je vais t'apporter un gâteau! Eh bien, adieu.

Et la petite princesse, m'embrassant presque au vol, disparaissait.

Après le dîner, le gâteau arrivait. La jeune fille entrait comme la foudre, riant, satisfaite d'avoir pu m'apporter la nourriture qu'on me défendait.

— Mange beaucoup, mange bien! C'est mon gâteau! Je n'en ai pas mangé, moi. Eh bien adieu.

J'avais eu à peine le temps de l'entrevoir. Un jour, elle arriva comme la foudre.

Ses boucles noires avaient été dérangées comme par un coup de vent. Ses petites joues vermeilles flambaient : ses yeux étincelaient. Il paraissait qu'elle avait couru déjà durant une heure ou deux.

— Sais-tu jouer au volant? cria-t-elle essoufflée, avec précipitation.

— Non, répondis-je, désolée de ne pouvoir répondre oui.

— Ah! tant pis! Eh bien je t'apprendrai quand tu seras guérie. Je ne suis venue que pour cela. Maintenant je joue avec Mme Léotard. Au revoir, on m'attend !

VI.

Je quittai enfin mon lit bien qu'encore très faible. Ma première idée fut de ne plus me séparer de Katia. Quelque chose m'attirait vers elle, invinciblement. Je ne pouvais me lasser de la regarder, à son grand étonnement. Ma sympathie pour elle devenait si chaleureuse, ce sentiment m'accaparait à tel point, qu'elle ne pouvait ne pas le remarquer, et cela lui semblait fort étrange. Je me rappelle qu'une fois, tandis que nous jouions, ne pouvant y résister, je sautai à son cou et je l'embrassai. Elle se dégagea de mon étreinte, me prit les mains et, fronçant les sourcils, comme vexée, elle me demanda :

— Que fais-tu là ? Pourquoi m'embrasses-tu ?

Je m'arrêtai, confuse comme une coupable. Je tressaillis à cette question posée à brûle-pourpoint et je ne répondis pas. La petite princesse haussa les épaules, en signe de perplexité profonde (un geste qui devenait une habitude chez elle). Elle serra d'un air grave ses petites lèvres pleines, cessa de jouer et s'assit à l'angle du divan, réfléchissant et comme essayant de résoudre une nouvelle question qui surgissait dans son esprit. C'était son habitude lorsqu'une chose l'embarrassait. A mon tour, je fus longtemps à m'habituer à ces manifestations brusques de son caractère.

Je m'accusais d'abord, je craignais qu'il n'y eût en moi beaucoup d'étrangeté, et j'en étais à la fois étonnée et chagrine. Pourquoi ne pouvais-je tout de suite devenir l'amie de Katia et lui plaire à jamais? Cet insuccès me peinait affreusement et j'étais prête à pleurer à chaque mot d'elle, à chaque regard méfiant qu'elle jetait sur moi. Mon chagrin augmentait tous les jours, toutes les heures même, car avec Katia les choses marchaient très vite. Quelques jours plus tard, je constatai qu'elle ne m'aimait pas du tout et même qu'elle éprouvait pour moi une sorte de répulsion. Tout dans cette jeune fille était subit; un autre dirait brutal si les mouvements de son caractère droit, spontané comme la foudre et naïvement sincère n'eussent en une sorte de grâce noble. Avec moi, elle débuta par le doute et finit par le mépris, parce que, je crois, je ne savais jouer avec elle à aucun jeu. La petite princesse aimait à s'amuser, à courir ; elle était forte, vive, adroite, tandis que moi — j'étais tout le contraire. Faible encore des suites de ma maladie, calme et pensive, le jeu ne m'amusait pas. Tout me manquait en un mot pour plaire à Katia. De plus je ne pouvais supporter l'idée que quelqu'un fût mécontent de moi : j'en devenais aussitôt triste ; je perdais courage ; et il ne me restait même pas la force de réparer ma faute et de modifier à mon profit la mauvaise impression que j'avais produite. Je me sentais donc perdue entièrement. Katia ne devait pas comprendre cela. Après une heure d'effort pour m'enseigner de jouer au volant, elle n'y réussissait pas. Et comme je devenais triste au point que les larmes me montaient aux yeux, Katia m'observait pensivement à deux ou trois reprises, sans arriver à rien conclure de ses réflexions à mon sujet ; elle m'abandonnait et se mettait à jouer toute seule, ne m'invitant plus et ne m'adressant plus la parole pendant des journées entières. Ce dédain m'était insupportable.

Cette nouvelle solitude me devenait plus pénible que l'autre ; je retombais plus triste et plus songeuse, et de nouveau des pensées noires assombrissaient mon cœur.

VII

Mme Léotard qui avait mission de nous observer remarqua bientôt ce changement dans nos relations et comme j'étais, par le fait abandonnée, ma solitude forcée la frappa tout d'abord. Elle s'adressa à la petite princesse et la gronda de ne savoir pas être aimable pour moi. La jeune fille fronça les sourcils, haussa les épaules et déclara qu'elle ne savait que faire avec moi, puisque je ne pouvais pas et que je pensais toujours à autre chose. Elle préférait attendre son frère Sacha (1) qui devait arriver de Moscou, afin de s'amuser avec lui. Mme Léotard ne se contenta pas d'une pareille réponse ; elle

(1) Diminutif d'Alexandre.

lui fit observer que j'étais malade encore, que je ne pouvais être vive et gaie comme elle, qui d'ailleurs l'était trop ; elle lui rappela qu'elle avait commis telle et telle faute ; que deux jours auparavant le boule-dogue avait failli la déchirer. Enfin Mme Léotard l'admonesta sans pitié et finit par l'envoyer vers moi avec l'ordre de nous réconcilier sans retard.

Katia avait écouté la Française attentivement comme si en effet elle reconnaissait quelque chose de nouveau et de juste dans ce raisonnement. Laissant son cerceau, qu'elle roulait dans le salon, elle s'approcha de moi et, sérieuse et étonnée, me demanda :

— Vous voulez donc jouer ?

— Non ! répondis-je redoutant pour Katia et pour moi les reproches de Mme Léotard.

— Que voulez-vous alors ?

— Je veux me reposer ! je ne puis pas courir. Ne soyez pas fâchée contre moi, Katia car je vous aime beaucoup.

— Eh bien, je vais jouer seule ! dit-elle doucement et lentement surprise de ne pas se trouver coupable ; eh bien, adieu ! je ne suis pas fâchée contre vous.

— Adieu !... répliquai-je en me levant et en lui tendant la main.

— Vous voulez peut-être que nous nous embrassions ? demanda-t-elle, après une courte réflexion ; se rappelant probablement la scène précédente et désireuse, pour en finir plus vite, de me faire plaisir.

— Comme vous voudrez, répliquai-je avec un timide espoir. Elle s'approcha et très sérieusement, sans un sourire, elle m'embrassa.

Ayant ainsi accompli ce qu'on attendait d'elle, et ayant fait davantage même afin d'être agréable à une pauvre petite fille vers qui on l'envoyait, elle s'enfuit de chez moi, joyeuse et satisfaite et bientôt les appartements se remplirent de ses rires et de ses cris. Fatiguée enfin et haletante, elle se jeta sur un divan, pour se reposer et reprendre de nouvelles forces. Toute la soirée, elle me regarda avec une sorte de méfiance.

On voyait qu'elle voulait me dire quelque chose pour tâcher de déchiffrer cette énigme. Mais cette fois, elle se retint.

Ordinairement, les leçons de Katia commençaient le matin. Mme Léotard lui enseignait le français, cette étude consistait en un peu de grammaire suivie d'une lecture dans les fables de La Fontaine.

On ne la forçait pas, car on avait de la peine à obtenir d'elle de rester, deux heures par jour, tranquille au travail. Elle avait consenti à cette combinaison, sur la prière du prince, son père, sur l'ordre de sa mère, et s'y soumettait consciencieusement, ayant engagé elle-même sa parole. Très bien douée, elle comprenait vite et retenait tout ce qu'on lui enseignait. Mais en ceci, elle avait aussi ses petites étrangetés : lorsqu'elle ne saisissait pas quelque chose, elle réfléchissait sérieusement, ne voulant pas demander d'explication, ce dont elle aurait eu honte. Des journées entières, elle restait seule en face d'une question sans pouvoir la résoudre, s'irritant de n'en pas venir à bout toute seule.

Dans les cas extrêmes, lorsqu'elle n'en pouvait plus, elle allait demander à Mme Léotard la solution qu'elle cherchait.

Elle était ainsi pour tout. Elle avait déjà beaucoup réfléchi, bien qu'on n'eût pu s'en douter au premier abord. Mais en même temps, elle était plus naïve qu'on ne le doit être à son âge. Il lui arrivait quelquefois de dire des bêtises ; d'autres fois, ses réponses révélaient une ruse et une finesse extrêmes.

III

Comme je pouvais enfin commencer à m'occuper, Mme Léotard me fit subir un examen, vit où j'en étais de mes études; elle trouva que je lisais très bien, mais que j'écrivais fort mal. Elle jugea qu'il était d'urgente nécessité pour moi d'apprendre le français. Je n'y contredis pas, et un matin, je m'assis à côté de Katia, à la table des leçons. Ce jour-là, Katia, comme exprès, se montra stupide et distraite; Mme Léotard ne la reconnaissait pas. De mon côté, en une seule séance, j'avais appris l'alphabet français, m'appliquant de toutes mes forces pour faire plaisir à la gouvernante. Vers la fin de la leçon, Mme Léotard se fâcha sérieusement contre Katia.

— Regardez-la, disait-elle en me désignant, une enfant malade, qui prend sa première leçon, est déjà dix fois plus avancée que vous. Vous n'êtes pas honteuse ?

— Elle est plus avancée que moi ? demanda la petite princesse, stupéfaite. Mais elle n'en est encore qu'à l'alphabet.

— Mais vous, combien de temps vous a-t-il fallu pour apprendre l'alphabet ?

— Trois leçons !

— Eh bien, Netotchka le sait après une leçon. Donc, elle étudie trois fois plus vite que vous et elle vous devancera bientôt. N'est-ce pas ?

Katia réfléchit et devint toute rouge en comprenant que la remarque de Mme Léotard était juste.

Rougir, s'empourprer de honte, était sa manière de manifester le dépit qu'elle ressentait à chacun de ses insuccès. Cette fois, des larmes lui jaillirent des yeux. Elle se tut, se bornant à me lancer un regard qui semblait vouloir me foudroyer. Je devinai aussitôt de quoi il s'agissait. La pauvre enfant avait un orgueil et un amour-propre extrêmes. En quittant Mme Léotard, je voulus parler à Katia pour dissiper son dépit ou au moins lui montrer que je n'étais pas responsable des gronderies de la Française. Mais Katia fit semblant de ne pas m'entendre, elle ne répondit rien. Une heure plus tard, elle rentra dans la chambre où, mon livre ouvert devant moi, je pensais à elle ; je me sentais chagrine de ce qu'elle refusait de me parler. En entrant, la petite princesse me regarda en dessous et, comme d'habitude, elle s'assit sur le divan et me considéra pendant une demi-heure. N'y pouvant plus tenir, je la questionnai des yeux.

— Savez-vous danser ? demanda Katia.

— Non, je ne sais pas !

— Moi, je sais.

Un silence.

— Savez-vous toucher du piano ?

— Non plus !

— Et moi, je sais ! c'est très difficile à apprendre.

Je ne répondis pas.

— Mme Léotard prétend que vous êtes plus intelligente que moi.

— Mme Léotard est fâchée contre vous, répliquai-je.

— Est-ce que papa se fâchera aussi contre moi.

— Je ne sais pas.

Un nouveau silence.

La petite princesse frappa de son pied mignon avec impatience.

— Vous vous moquez de moi, alors, parce que vous comprenez plus facilement, demanda-t-elle, sans pouvoir contenir plus longtemps son dépit.

— Oh ! non, non, m'écriai-je en me levant pour la prendre dans mes bras.

— Comment ! vous n'avez-vous pas honte de penser ainsi et de l'avouer, princesse, fit Mme Léotard.

La bonne dame nous surveillait depuis cinq minutes et écoutait notre conversation.

— Vous devriez avoir honte ! Vous êtes jalouse de cette enfant et vous vous vantez devant elle de savoir danser et jouer du piano. Quelle honte ! Je raconterai cela au prince.

La petite fille rougit.

— C'est un mauvais sentiment. Vos questions ont offensé Netotchka, dont les parents étaient des pauvres gens qui n'avaient pas les moyens de payer des professeurs. Elle apprenait seule parce qu'elle était sage et qu'elle avait bon cœur. Vous devriez l'aimer et non la quereller. C'est honteux ! C'est honteux ! Vous savez qu'elle est orpheline.

lle n'a personne. Pourquoi n'ajoutez-vous pas que vous êtes princesse, tandis que Netotchka ne l'est pas. Je vous laisse seule : pensez à ce que je vous ai dit et tâchez de vous corriger.

IX

Katia réfléchit pendant deux jours. Pendant deux jours, elle suspendit rires et cris. En m'éveillant la nuit, je l'entendais continuer dans ses rêves sa discussion avec Mme Léotard. Elle maigrit même un peu et les couleurs de son visage n'étaient plus aussi vives. Enfin, le troisième jour, nous nous rencontrâmes dans les grands appartements. Katia sortait de chez sa mère. En m'apercevant, elle s'arrêta et s'assit en face de moi.

J'attendais, terrifiée et tremblante, ce qui allait se passer.

— Netotchka, pourquoi m'a-t-on grondée à cause de vous ? demanda-t-elle enfin.

— Ce n'est pas à cause de moi, Katenka, répliquai-je en me hâtant de me disculper.

— Mme Léotard dit que je vous ai offensée.

— Non, Katenka, non ; vous ne m'avez pas offensée.

La princesse haussa ses petites épaules en signe de perplexité.

— Alors, pourquoi pleurez-vous ? ajouta-t-elle après un silence.

— Je ne pleurerai pas, si vous le voulez, dis-je à travers mes larmes.

Elle haussa encore les épaules.

— Auparavant, pleuriez-vous ?

Je ne répondis pas.

— Pourquoi demeurez-vous chez nous ? demanda-t-elle tout à coup après un silence.

Je la regardai, stupéfaite, comme si quelque chose m'avait frappée au cœur.

— Parce que je suis orpheline, murmurai-je enfin, réunissant toutes mes forces.

— Est-ce que vous aviez un papa et une maman ?

— Oui.

— Vous aimaient-ils ?

— Non... si, balbutiai-je.

— Ils étaient pauvres ?

— Oui.
— Très pauvres ?
— Oui.
— Ils ne vous ont rien appris ?
— Ils m'ont appris à lire.
— Aviez-vous des joujoux ?
— Non.
— Des gâteaux ?
— Non.
— Combien aviez-vous de chambres ?
— Une seule.
— Une seule chambre ?
— Une seule.
— Et des domestiques, en aviez-vous ?
— Non, nous n'avions pas de domestiques.
— Mais qui vous servait ?
— J'allais faire les commissions moi-même.

Les questions de la petite princesse me déchiraient le cœur. Les souvenirs qu'elle éveillait en moi, son étonnement, tout cela me froissait, m'offensait et me faisait mal. Je tremblais, des sanglots m'étouffaient.

— Vous avez dû être contente de venir habiter chez nous.

Je gardai le silence.

— Aviez-vous une jolie robe ?

— Non.

— Une mauvaise ?

— Oui.

— J'ai vu votre robe. On me l'a montrée.

— Pourquoi me le demandez-vous, alors, dis-je en proie à une sensation nouvelle d'indignation et en me levant. Pourquoi me le demandez-vous ? répétai-je, rouge de colère. Pourquoi vous moquez-vous de moi ?

Katia rougit et se leva aussi. Mais elle maîtrisa aussitôt son trouble.

— Non... Je ne me moque pas de vous. Je voulais savoir seulement si vos parents étaient pauvres.

— Pourquoi m'interrogez-vous sur papa et maman ? m'écriai-je en pleurant. Et pourquoi m'interrogez-vous d'une telle façon ? Que vous font mes parents, Katia ?

Elle resta confuse, ne sachant que répondre.

En ce moment, le prince entra.

— Qu'as-tu, Netotchka, dit-il en voyant mes larmes. Qu'as-tu, insista-t-il en regardant Katia, dont les joues étaient en feu. De quoi parlez-vous ? Pourquoi vous êtes-vous querellées ? Netotchka, pourquoi vous êtes-vous fâchée ?

Je ne pouvais répondre. Je pris la main du prince, je la baisai et la couvris de larmes.

— Katia ! dis-moi la vérité. Que s'est-il passé ?

Katia était incapable de mentir.

— J'ai dit que j'avais vu la mauvaise robe qu'elle portait autrefois chez ses parents.

— Qui te l'a montrée ? qui a osé te la montrer ?

— C'est moi-même qui l'ai vue ! répondit Katia fermement.

— C'est bien ! Tu ne dénoncerais personne. Je le sais. Je te connais.

Et après ?

— Elle s'est mise à pleurer en disant que je me moquais de son papa et de sa maman.

— Tu t'en es moquée, par conséquent ?

Bien que Katia ne se fût pas moquée en effet, c'était bien son intention que j'avais comprise aussitôt. Elle ne répondit rien. Elle en convenait donc.

— Va tout de suite à elle et demande lui pardon ! ordonna le prince en me désignant du doigt.

La petite princesse, pâle comme un linge, ne bougea pas.

— Eh bien ! insista le prince.

— Je ne veux pas ! dit Katia à voix basse d'un ton très décidé.

— Katia !

— Non, je ne veux pas ! je ne veux pas ! s'écria-t-elle tout à coup les yeux étincelants et en frappant du pied. Je ne veux pas demander pardon, papa. Je ne l'aime pas. Je ne veux pas demeurer avec elle. Ce n'est pas ma faute. Elle pleure tout le temps. Je ne veux pas ! je ne veux pas !

— Viens avec moi ! Il la prit par le bras et l'emmena dans son cabinet, Netotchka, rentre chez toi.

J'aurais voulu me jeter aux genoux du prince, lui demander pardon pour Katia, mais le prince répéta son ordre sévèrement et je m'en allai glacée de terreur, comme une morte.

X

En rentrant dans ma chambre je tombai sur le divan et je cachai ma tête dans mes mains. Je comptais les minutes en attendant Katia impatiemment.

Je voulais me jeter à ses pieds. Elle arriva enfin sans prononcer une parole, passa près de moi et s'assit dans un coin. Ses yeux étaient rouges, ses joues gonflées de larmes. Mes résolutions s'étaient évanouies. Effrayée, je la regardais sans bouger.

Je m'accusais de toutes mes forces, je tâchais de me persuader à moi-même que j'étais coupable de tout. Mille fois, je voulus m'approcher de Katia et mille fois, je me retins ne sachant comment je serais reçue. Ainsi se passa toute une journée, puis une autre. Vers la fin du second jour, Katia devint plus gaie et se mit à rouler son cerceau à travers l'appartement, mais bientôt, elle cessa de jouer et se blottit dans un coin. Avant d'aller se coucher, elle se tourna tout à coup vers moi, fit même deux pas de mon côté et ses petites lèvres s'entr'ouvrirent pour parler, mais, elle s'arrêta et s'alla mettre au lit. Une nouvelle journée s'écoula et M°¹⁰ Léotard étonnée s'avisa de lui demander pourquoi elle était ainsi. N'était-elle pas malade, par hasard, pour être devenue si calme tout à coup. Katia répondit évasivement, et prit son volant, mais, aussitôt que M°¹⁰ Léotard fut partie, elle rougit et se mit à pleurer. Elle s'enfuit de la chambre pour que je ne la visse point. Enfin, trois jours après notre querelle, elle vint à moi, et me dit timidement :

— Papa m'a ordonné de vous demander pardon ; voulez-vous me pardonner ?

Je lui pris vivement les mains et suffoquant d'émotion, je lui dis :

— Oui, oui !

— Papa m'a ordonné de vous embrasser, voulez-vous que nous nous embrassions ?

Sans répondre, je me mis à lui baiser les mains, en les mouillant de larmes.

Levant les yeux vers la petite princesse je remarquai en elle des mouvements extraordinaires. Ses petites lèvres étaient agitées d'un léger tremblement, son menton remuait, ses yeux noirs s'humectaient, mais un instant après, elle se rendit maîtresse de son émotion, et un sourire erra sur ses lèvres.

— Je vais aller dire à papa que je vous ai embrassée et que je vous ai demandé pardon, dit-elle à voix basse comme si elle pensait haut. Voilà trois jours que je ne l'ai pas vu ; il m'a défendu de rentrer chez lui tant que je n'aurai pas obéi.

Ce disant, elle descendit, tremblante, pensive, ne sachant quel accueil allait lui faire son père.

Mais, une heure après, on entendit en haut du tapage, des cris, des rires, les aboiements de Falstaff ; on cassa quelque chose, quelques livres s'écroulèrent, le cerceau ronfla sur le plancher, et j'appris que Katia avait fait la paix avec le prince.

Mon cœur en tressaillit de joie.

Cependant elle ne s'approcha pas de moi ; elle semblait éviter l'occasion de me parler. En revanche j'avais l'honneur d'exciter sa curiosité au plus haut point. Elle s'asseyait devant moi, pour m'inspecter très souvent. Ces inspections de ma personne devenaient de plus en plus naïves. En un mot la petite fille gâtée et lâchée que tout le monde choyait et caressait comme un trésor, ne pouvait comprendre pourquoi je me trouvais sur son chemin, quand elle ne tenait pas du tout à m'y voir. Mais c'était un petit cœur bon et doux qui devait toujours se remettre dans la bonne voie, par le seul instinct de sa nature généreuse. La personne qui avait le plus d'influence sur elle était son père, qu'elle adorait. Sa mère, l'aimait follement, mais elle la tenait avec une grande sévérité et c'est près d'elle que Katia avait appris l'entêtement, l'orgueil, l'obstination. Pourtant elle supportait tous les caprices et même la tyrannie de la princesse ; celle-ci comprenait étrangement l'éducation, et celle de Katia offrait les plus singulières alternatives de relâchement absolu et d'excessive rigueur. Ce qui était permis hier était défendu aujourd'hui, sans aucune raison. L'enfant, se sentait froissée dans ses sentiments de justice... Mais je reviendrai sur ce sujet. Je remarquerai seulement ici que Katia savait varier son attitude suivant qu'elle avait affaire à son père ou à sa mère. Avec lui elle se montrait naturelle, franche, expansive et sincère ; avec elle, tout le contraire : dissimulée, défiante, obéissante par force, non par persuasion.

Du reste, je dois dire à l'honneur de ma Katia qu'elle arriva à comprendre la princesse, qu'elle se soumit à elle quand elle fut pénétrée de la grandeur d'un amour maternel qui allait quelquefois jusqu'à l'égarement. L'enfant tenait généreusement compte de cet excès.

Cependant, je ne comprenais pas ce qui se passait en moi. Tout un monde de sensations inexpliquées m'agitaient intérieurement. Enfin, après bien des souffrances et des réflexions, je fus obligée de reconnaître que j'étais amoureuse de ma Katia.

Oui, c'était de l'amour que j'éprouvais pour elle, du véritable amour, avec larmes de joie et de désespoir, un amour passionné. Qu'est-ce qui m'attirait vers elle ? Qu'est-ce qui avait fait naître un pareil sentiment ? Je l'ignore. Je sais que je l'avais aimée à première vue, que j'avais été délicieusement impressionnée à l'aspect de cette enfant belle comme un ange. Ses défauts mêmes ne la déparaient pas à mes yeux, car ils ne dérivaient pas d'une imperfection de son âme, mais de sa mauvaise éducation.

Chacun l'admirait et lui portait envie. Et cette admiration, peut-être, avait vicié son caractère.

Quand nous allions nous promener ensemble,

les passants s'arrêtaient pour mieux la voir.

Il semblait qu'elle était née pour le bonheur, de même que moi je semblais vouée à l'affliction.

Le défaut principal ou peut-être la grande qualité de ma petite princesse, était son orgueil. Elle avait un amour-propre tout à fait particulier. La contradiction ne la fâchait pas, mais la surprenait, tant elle se croyait au-dessus de tout.

Il lui était difficile d'admettre qu'elle pût avoir tort en rien. Cependant, si on lui prouvait que ce qu'elle voulait faire était injuste, elle se soumettait aussitôt.

Si tout d'abord elle ne fut pas pour moi l'amie que j'aurais voulue, je me l'explique par le fait d'une antipathie naturelle et qui était en dehors de tout raisonnement.

XI

Nos leçons continuèrent comme par le passé, et elle ne fit plus désormais grande attention à moi.

Les compliments que l'on voulait bien me faire sur ma douceur et mon intelligence, n'avaient même plus le don de froisser son amour-propre.

Elle cherchait, il est vrai, des compensations et s'en prenait mieux à notre bouledogue.

Falstaff était un chien calme et flegmatique, ce qui ne l'empêchait pas d'être mauvais comme un tigre, si on se permettait de le pousser à bout.

Falstaff n'aimait les caresses de personne, et tout le monde semblait lui être indifférent.

On le traitait, à la maison, avec une sorte de crainte respectueuse. Il avait aussi son histoire.

Un jour, le prince avait ramené avec lui, au retour d'une promenade, un vilain petit chien, laid et pitoyable. C'était un chien de race cependant.

Or, comme la famille était à la maison de campagne, il arriva que le frère de Katia, le petit Sacha, tomba, en jouant, dans la rivière. La princesse était là et, folle de douleur, voulut suivre son fils. On la retint difficilement. Cependant Sacha, entraîné par le courant, n'était maintenu au-dessus de l'eau que par ses habits.

On se hâta de démarrer un canot. Mais tout cela demanda du temps. Soudain un grand bouledogue se précipite dans l'eau, coupe le courant avec vigueur et atteint le corps de l'enfant, qu'il rapporte triomphalement sur la rive.

La princesse couvrit de baisers l'animal encore couvert d'eau et de boue. Falstaff, qui portait à cette époque le nom prosaïque et plébéien de Friksa, ne supportait, je l'ai dit, aucune caresse ; il répondit à ces étreintes en enfonçant ses crocs aigus dans l'épaule de la jeune femme.

La princesse garda, toute sa vie, les traces de

cette blessure, mais n'en conserva pas moins pour son chien une affection sans bornes.

Le chien fut, dès lors, l'hôte choyé de la maison. Le prince, en considération de sa voracité et de sa gloutonnerie phénoménale, le baptisa Falstaff.

On le brossa, on le nourrit à son plaisir, on lui fit même cadeau d'une peau d'ours pour s'y étendre et s'y reposer.

Falstaff était devenu, en somme, le chien le plus heureux de la création. Mais son caractère naturellement taciturne ne changea pas avec sa nouvelle condition.

Il resta indifférent à la politesse et apprécia assez peu son riche collier d'argent.

Il prit bientôt des habitudes de paresse et il n'aimait pas à être dérangé par les importuns.

Katia lui cherchait quelquefois querelle pour se distraire, lorsqu'elle n'avait personne sur qui elle pût en ce moment faire passer son humeur. Et puis, l'indifférence du chien l'exaspérait ; il lui était insupportable qu'il existât dans la maison un être qui ne reconnût pas son autorité, qui ne se courbât pas devant elle, qui ne l'aimât pas. Falstaff n'en prenait souci et demeurait inflexible dans son arrogance.

Un jour, après dîner, comme nous étions toutes

deux dans le grand salon, le boulédogue se coucha au milieu de la pièce pour digérer paresseusement son copieux repas. Ce fut le moment que choisit la princesse pour le contraindre à l'obéissance. Elle cessa de jouer, et marchant sur la pointe des pieds, prodiguant à Falstaff les noms les plus doux, l'attirant par des signes, elle marcha vers lui avec précaution. Falstaff de très loin montra les dents. La princesse s'arrêta. Son projet était d'approcher du chien, et de le caresser un peu, ce qu'il ne permettait à personne autre qu'à la princesse. Cette tentative présentait un danger sérieux car Falstaff était incapable de s'en laisser imposer et pouvait fort bien lui mordre la main ou la déchirer s'il le trouvait bon ; avec cela il était fort comme un tigre.

Moi, pleine d'inquiétude et de terreur, je suivais de loin tous les mouvements de Katia. Je la suppliai inutilement de laisser le chien tranquille ; même les crocs puissants de l'animal ne la détournèrent pas de son idée. Jugeant qu'on ne pouvait aborder le chien en face, elle tourna l'ennemi. Falstaff ne bougea pas.

Katia fit un second tour dont elle diminua le cercle, puis un troisième encore plus rapproché. Quand elle fut arrivée à la distance que Falstaff jugeait respectueuse et sacrée, il montra de nouveau les dents.

La petite princesse dépitée, frappa du pied et s'éloigna ; elle vint s'asseoir sur le divan pour réfléchir. Dix minutes après elle avait inventé une séduction nouvelle. Elle sortit et revint avec une provision de petits pains et de petits gâteaux : elle changeait de tactique. Falstaff resta indifférent : il n'avait probablement pas faim. Il ne tourna même point sa tête vers le morceau qui lui était jeté, et quand Katia fut arrivée de nouveau à la limite qu'il jugeait infranchissable, le chien manifesta une opposition plus vive que la première fois. Il leva la tête, découvrit ses crocs, gronda sourdement et fit un léger mouvement, comme pour s'élancer. La princesse rougit de colère, jeta le gâteau et revint s'asseoir. Elle était fort agitée, son petit pied battait le tapis, ses joues s'empourpraient, et des larmes de dépit jaillissaient de ses yeux. Par malheur il lui arriva de me regarder et le sang lui monta plus encore à la tête. Elle quitta le divan et d'un pas ferme marcha droit au terrible chien.

La stupéfaction produisit sans doute un effet extraordinaire sur Falstaff. Il laissa l'ennemi franchir la ligne redoutable et ce ne fut qu'à deux pas qu'un grognement sinistre accueillit la folle Katia. Elle s'arrêta d'abord un instant, rien qu'un instant puis, avec décision, elle continua d'avancer. Je me raidissais de frayeur. La petite princesse était excitée au plus haut point ; le triomphe brillait dans ses yeux. On eût fait de cette scène un joli tableau. Elle affronta avec courage le regard furieux du bouledogue. Falstaff se leva. De ses flancs poilus un grognement s'échappa ; un mouvement de plus et il l'aurait déchirée. Mais la petite princesse lui passa orgueilleusement la main sur le dos et trois fois de suite le caressa. Pendant quelques secondes, le bouledogue resta indécis. Ce fut le moment le plus palpitant du drame ; puis il se leva, s'étira et, dédaignant sans doute de se venger d'un enfant, il sortit tranquillement de la pièce.

La princesse restait maîtresse du champ de bataille. Elle me jeta un regard inexprimable, saturé, enivré de victoire ; moi j'étais toute pâle, elle s'en aperçut et sourit. Bientôt après cependant une pâleur mortelle couvrit aussi ses joues, elle put à peine atteindre le canapé où elle tomba sans connaissance.

XII

Mon entraînement vers Katia n'avait déjà plus de bornes. Mais à partir du jour où, à cause d'elle, j'éprouvai une si grande peur, je ne me dominai plus. Je me consumai de chagrin. Mille fois je fus sur le point de me jeter à son cou, mais la crainte me retint. Je la fuyai afin qu'elle ne vît pas mon agitation.

Elle vint un jour jusque dans la pièce où je me trouvais. L'espiègle enfant remarqua mon trouble et en resta confuse, mais ne s'en émut pas davantage.

Je souffris ainsi tout un mois. Nous n'échangions pas une parole. Je découvris que le silence obstiné de Katia ne recouvrait pas l'oubli ou l'indifférence, mais seulement une réserve voulue et bien déterminée. Cependant je ne pouvais plus dormir, et Mᵐᵉ Léotard elle-même s'apercevait de mon chagrin. Mon amour pour Katia était tout à fait étrange et prenait maintenant le caractère d'une passion offensée.

J'étais tellement préoccupée de ces événements et de cette transformation que j'en oubliais mon passé, absorbée tout entière par mon affection et ma douleur.

Je me relevais parfois au milieu de la nuit, et aux lueurs calmes de la veilleuse, j'admirais Katia plongée dans le sommeil. Me dressant sur la pointe des pieds et m'enhardissant peu à peu, je posais tremblante un baiser sur sa main mignonne ou sur ses cheveux, puis me sauvais bien vite de peur d'être surprise.

Cependant Katia devenait plus irritable et plus changeante que jamais. Elle restait silencieuse tout un jour, puis le lendemain était bruyante à bouleverser toute la maison.

Quelque temps après, Katia qui n'avait jamais été malade se plaignit de la fièvre et bientôt elle fut installée dans l'appartement de sa mère.

La princesse s'affecta de cette indisposition et, je crois, me rendit responsable des changements malheureux qui se produisaient dans sa fille.

Depuis longtemps elle avait l'intention de me séparer d'elle et déjà elle l'aurait fait si elle n'eût craint l'opposition du prince qui se montrait parfois inébranlable dans ses résolutions.

XIII

Je fus fort affligée de me trouver ainsi tout à fait séparée de ma petite princesse et je me creusai l'esprit plus que jamais pour trouver la cause de son dédain.

Un matin, elle vint me surprendre à l'heure de la leçon.

Jamais je ne l'avais trouvée si enjouée et si vive.

La journée se passa en ébats, en escapades folles, mais le soir venant, la tristesse reparut sur son front.

Quand sa mère vint la voir dans la soirée elle

s'efforça en vain de paraître joyeuse. Dès que la princesse fut partie elle se prit à pleurer.

La princesse, inquiète de ces brusques changements, nous fit surveiller attentivement par Mme Léotard, mais j'étais seule à comprendre ce qui se passait en Katia.

C'était le dénouement de notre roman. C'était, je l'espérais, une réconciliation.

Je voyais tout cela à des détails insignifiants et cependant je n'osais faire le premier pas.

Quelques jours après, c'était un jeudi, Mme Léotard nous fit habiller pour aller à la promenade.

Depuis longtemps nous n'étions pas sorties ensemble.

Nous descendions gravement l'escalier de la maison, quand, d'un air plus doux que de coutume, et soudainement, Katia s'approcha de moi :

— Votre soulier s'est défait. Donnez ! je vais l'arranger !

Je me penchai, rouge comme une cerise, heureuse que Katia eût fini par m'adresser la parole.

— Donne ! ajouta-t-elle moitié impatiente, moitié rieuse.

Elle se baissa, me prit le pied, le mit sur son genou et noua les lacets de ma bottine.

J'étouffais, j'étais secouée d'une violente émotion et me demandais ce que j'allais devenir.

En se relevant, elle m'examina des pieds à la tête.

— Votre cou est aussi découvert ! dit-elle en touchant de son petit doigt la peau nue de ma gorge ! Je veux le couvrir.

Je ne m'y refusai pas. Elle dénoua mon foulard et le rattacha à sa façon.

— On peut prendre un refroidissement comme cela, continua-t-elle en souriant malicieusement, et en me fixant de ses yeux noirs et humides.

J'étais éperdue de bonheur. Je ne savais ce qui se passait alors en moi ni en Katia. Grâce à Dieu, notre promenade finit bientôt, autrement je me serais jetée dans ses bras et l'aurais embrassée dans la rue.

Le soir venu, elle fut obligée de descendre aux appartements du bas car la princesse recevait. Là, tout à coup, et sans cause apparente Katia s'évanouit.

La maison tout entière fut bouleversée. Le médecin, mandé en toute hâte, avoua qu'il n'y comprenait rien, et attribua cet accident à un malaise d'enfant, comme on fait toujours en pareil cas.

Je sus bientôt à quoi m'en tenir là-dessus.

Dans la journée, Katia, poussée par je ne sais quel caprice, était montée chez la vieille tante. Celle-ci qui d'ordinaire refusait de recevoir sa nièce et la détestait même un peu cordialement, avait consenti à la voir cette fois et, contre son habitude s'était montrée aimable avec elle.

Tout s'était bien passé, d'abord. Katia avait demandé pardon pour toutes ses fautes et miséricorde pour tous ses gros péchés, s'accusant de sa turbulence, de sa légèreté, de son tapage avec une gravité qui avait touché la vieille jusqu'aux larmes. La vieille princesse, extrêmement flattée de cette démarche, allait solennellement accorder l'absolution, quand à travers ses lunettes, elle crut s'apercevoir que l'effrontée se moquait d'elle avec le plus grand sang-froid du monde.

Katia n'avait-elle pas été, dans ses confessions, jusqu'à avouer qu'elle avait eu l'intention, mais l'intention seulement, il est vrai, de cacher Falstaff sous le lit de la grande tante, et de lui jouer encore plusieurs tours du même genre et d'aussi mauvais goût.

La vieille tante rougit de colère. La petite fille éclata de rire et s'enfuit à toutes jambes. Mais cela ne finit pas ainsi. Cinq minutes après la princesse était appelée chez la tante et, pendant deux heures, eut lieu une scène terrible entre les deux femmes au sujet du dernier scandale de Katia.

XIV

La vieille dame, n'ayant pas obtenu la réparation qu'elle exigeait, avait résolu de quitter la maison le lendemain, et sans rémission.

Il fallut bon gré mal gré faire des excuses à la tante et promettre que Katia serait sévèrement punie dès que sa santé le permettrait.

Katia ne put supporter cette offense et en fut malade, comme je l'ai dit.

Le lendemain je la rencontrai dans l'escalier après le dîner, au moment même où elle ouvrait la porte en appelant Falstaff.

Je compris qu'elle tramait quelque terrible vengeance à laquelle elle voulait associer le bouledogue, l'ennemi naturel de la vieille princesse.

Si Falstaff détestait la tante ce n'était pas sans raison. Dès que la vieille dame était venue demeurer chez le prince, Falstaff avait dû lui céder la place et ne jamais franchir l'escalier qui conduisait aux étages supérieurs : ce fut pour lui une privation affreuse. Toute une semaine il resta au pied de l'escalier, grattant aux portes. Mais la consigne était sévère et le chien pouvait se morfondre longtemps. Bientôt il comprit pour qui on le chassait de son domicile de prédilection.

Un dimanche que la vieille descendait pour se rendre à la messe, selon son habitude, Falstaff se précipita sur elle, la renversa et l'eût déchirée si l'on n'était arrivé à temps pour l'en empêcher.

La vieille dame fut malade de terreur. Katia et Falstaff, c'en était trop.

Elle présenta son ultimatum. Le chien ou elle-même sortirait de la maison. Il fallut l'intervention du prince pour arranger les choses. Il fit comprendre à sa tante qu'il ne pouvait chasser le sauveur de son fils, mais il donna des ordres formels pour que la vieille princesse ne risquât jamais de rencontrer le chien sur son passage.

XV

— Falstaff ! Falstaff ! appelait doucement Katia dans l'escalier.

Le chien accourut, et voyant la porte ouverte, allait s'élancer, franchir le Rubicon, mais il s'arrêta indécis.

L'action était si grave, l'appel si invraisemblable qu'il ne pouvait en croire ses yeux de chien. Il passa pourtant, mais lentement, comme une bête qui réfléchit et qui sait ce qu'elle va faire.

Cependant Katia l'excitait, lui montrait l'escalier, l'invitait...

Il n'en fallut pas plus. Falstaff découvrit ses

crocs, poussa un grognement de colère et s'élança comme une flèche.

Il renversa même des chaises dans sa course folle.

Mᵐᵉ Léotard l'aperçut et cria au secours, mais il était trop tard, l'animal arrivait à la chambre de la vieille comme un boulet de canon.

Un domestique courut aussitôt chez la princesse qui, cette fois, n'était pas disposée à pardonner. Mais qui punir? Elle avait compris immédiatement. Ses yeux étaient tombés sur Katia... En effet, Katia, toute pâle, tremblait de frayeur. La pauvre enfant comprenait seulement alors quelles auraient pu être les terribles conséquences de son espièglerie. Les soupçons pouvaient tomber sur les domestiques, des innocents, et la petite fille se préparait déjà à dire toute la vérité.

— C'est toi qui es la coupable? demanda sa mère sévèrement.

Voyant la pâleur mortelle de Katia, je m'avançai et dis d'une voix ferme :

— C'est moi qui ai laissé passer Falstaff... par mégarde, ajoutai-je, car tout mon courage disparut devant le regard courroucé de la princesse.

— Madame Léotard, punissez-la d'une façon exemplaire ! dit la princesse en sortant.

Je levai les yeux vers Katia, ahurie ; ses mains inertes pendaient des deux côtés de son corps : son petit visage pâle penchait sur sa poitrine.

L'unique punition usitée pour les enfants du prince était l'incarcération dans une chambre vide. Rester pendant deux heures dans une chambre déserte n'avait rien de bien cruel, mais lorsqu'on y mettait l'enfant par force, la punition devenait assez pénible.

Ordinairement, Katia ou son frère étaient enfermés deux heures. On me condamna à quatre heures de réclusion, vu la monstruosité de mon crime. Palpitante de bonheur, j'entrai dans ma prison. — Je pensais à ma petite princesse. Je savais l'avoir vaincue. Mais au lieu de quatre heures je restai emprisonnée jusqu'à quatre heures du matin. Voici pourquoi :

Deux heures après mon emprisonnement, Mme Léotard apprenait que sa fille, arrivée de Moscou, était malade et désirait la voir. Mme Léotard partit en m'oubliant. La bonne qui nous servait, supposa probablement que j'étais délivrée. Katia, appelée en bas, dut rester chez sa mère jusqu'à onze heures du soir. La bonne la déshabilla, la mit au lit, et la petite princesse avait des raisons pour ne pas s'informer de moi. Elle se coucha, sachant bien que j'étais enfermée pour quatre heures, et supposant que la bonne m'amènerait bientôt. Mais Nastia m'oublia tout à fait, d'autant plus que je me déshabillais seule ordinairement, en sorte que je passai la nuit aux arrêts.

XVI

A quatre heures du matin j'entendis frapper à la porte de ma prison. Je dormais étendue tant bien que mal sur le parquet. En m'éveillant, je poussai un cri de surprise, mais aussitôt je reconnus la voix de Katia qui dominait les autres, puis celle de Mme Léotard, celle de Nastia et enfin celle de la femme de charge. La porte s'ouvrit, et Mme Léotard m'embrassa, les larmes aux yeux, me demanda pardon de m'avoir oubliée. Je me jetai à son cou en pleurant. J'étais glacée par le froid et tous les os me faisaient souffrir par suite de la position incommode que j'avais eue sur le parquet nu.

Je cherchai des yeux Katia ; elle était vivement retournée dans notre chambre à coucher, avait sauté dans son lit, et lorsque je rentrai, elle dormait ou faisait semblant de dormir. En m'attendant, elle s'était assoupie malgré elle et ne s'était réveillée qu'à quatre heures du matin. En s'apercevant que je n'étais pas revenue, elle avait mis sur pied tout le monde, réveillé Mme Léotard qui venait de rentrer, la bonne et toutes les servantes, leur disant que je n'étais pas revenue et c'est ainsi qu'on m'avait remise en liberté.

Le matin, tous les habitants de la maison apprenaient mon aventure. La princesse elle-même déclara qu'on avait agi trop sévèrement envers moi. Quant au prince, je ne le vis jamais aussi irrité.

— Voyons? dit-il à Mme Léotard, Que faites-vous donc? Comment en agissez-vous avec cette pauvre enfant? C'est de la barbarie! C'est de la pure barbarie! C'est du scythisme! Une enfant malade, faible, rêveuse, peureuse, pleine d'imaginations, l'enfermer dans une chambre obscure toute une nuit! Mais c'est vouloir la tuer. Est-ce que vous ne connaissez pas son histoire? C'est de la barbarie! c'est inhumain! C'est moi qui vous le dis, madame. Et comment peut-on punir si durement? Qui a inventé ce châtiment?

La pauvre Mme Léotard, les yeux pleins de larmes, lui exppliqua les faits, lui exposa qu'elle m'avait oubliée, que sa fille était arrivée, que la punition était très bonne en elle-même et que J.-J. Rousseau conseille quelque chose dans ce genre.

— J.-J. Rousseau, madame ! J.-J. Rousseau ne pouvait pas la recommander. D'ailleurs Jean-Jacques n'est pas une autorité; J.-J. Rousseau n'avait pas le droit de parler d'éducation. J.-J. Rousseau a méconnu ses propres enfants, madame! Jean-Jacques était un vilain personnage, madame !

— J.-J. Rousseau ! Jean-Jacques, un vilain personnage ? Prince ! Prince ! que dites-vous ?

Mme Léotard était une très brave femme qui se fâchait difficilement ; mais toucher à ses préjugés, déranger l'ombre classique de Corneille, de Racine, offenser Voltaire, traiter J.-J. Rousseau de vilain personnage, le qualifier de barbare, mon Dieu ! des larmes coulèrent de ses yeux. La vieille dame tremblait d'indignation.

— Vous vous oubliez, prince, dit-elle hors d'elle-même.

Le prince se reprit aussitôt et s'excusa. Il s'approcha de moi, m'embrassa avec effusion, fit sur moi un signe de la croix, et quitta l'appartement.

— Pauvre Prince! s'écria M°¹ Léotard touchée à son tour.

Et nous nous mîmes à nos leçons. La petite princesse étudia distraitement. Avant le dîner, elle s'approcha de moi, un sourire sur les lèvres, me prit par les épaules et dit vivement comme pour dissimuler sa honte :

— Eh bien! quoi? As-tu assez souffert pour moi? Après le dîner, nous irons jouer au salon.

Quelqu'un passait près de nous ; la princesse s'éloigna aussitôt. A la tombée de la nuit, nous descendîmes toutes deux en nous tenant par la main dans le grand salon. Katia, profondément émue, respirait avec peine. Moi, je me sentais heureuse et gaie comme je ne l'avais jamais été.

— Veux-tu jouer au ballon? me demanda-t-elle. Reste là.

Elle me plaça dans un coin de la salle; mais elle, au lieu de s'éloigner pour me jeter la balle, s'arrêta à trois pas, me regarda, rougit et tomba sur le divan en cachant son visage dans ses mains. Je fis un mouvement vers elle ; elle pensa que je voulais m'en aller.

— Ne t'en va pas, Netotchka. Reste avec moi. Cela va passer tout de suite.

Aussitôt elle se releva vivement et se jeta à mon cou. Ses joues étaient humides. Ses petites lèvres se gonflaient comme des cerises. Les boucles de ses cheveux flottaient en désordre.

Elle m'embrassait follement, baisant mon visage, mes yeux, mes lèvres, mon cou, mes mains. Je me pressais contre elle, et nous nous étreignions doucement, joyeusement, ainsi que des amies ou des amoureux qui se retrouvent après une longue séparation.

Le cœur de Katia battait si fort que je l'entendais distinctement.

De la chambre voisine on appela Katia auprès de sa mère.

— Oh ! Netotchka, eh bien à ce soir, à la nuit ! Remonte et attends-moi !

Elle m'embrassa une dernière fois sans bruit, et courut à l'appel de Nastia.

XVII

Je rentrai dans notre chambre, ressuscitée ; je je me jetai sur le divan, je cachai ma tête dans les coussins et me mis à pleurer de bonheur. Mon cœur battait à briser ma poitrine. Je ne sais plus comment j'ai vécu jusqu'à la nuit. Onze heures sonnèrent et je me couchai. Katia rentra vers minuit seulement.

Elle me salua de loin sans dire un mot. Nastia la déshabillait lentement, comme à dessein.

— Vite ! vite ! Nastia, murmura Katia.

— Qu'avez-vous, princesse ? C'est parce que vous avez couru dans l'escalier, sans doute, que votre cœur est si agité ?... demanda Nastia.

— Ah ! mon Dieu ! Nastia, que tu es ennuyeuse ! vite ! vite !

Et la princesse frappait du pied.

— Oh ! quelle impatience, dit Nastia en embrassant le pied de Katia qu'elle déchaussait.

La toilette de la petite princesse enfin terminée, elle se coucha et la bonne sortit.

Aussitôt, Katia sauta de son lit et vint à moi.

— Viens te coucher avec moi ! murmura-t-elle en me soulevant dans mon lit.

Une minute plus tard, nous étions dans les bras l'une de l'autre. La petite princesse m'embrassait.

— Je me rappelle, moi, comment tu m'embrassais pendant la nuit ! s'écria-t-elle en rougissant comme un coquelicot.

Je sanglotais.

— Netotchka, murmura-t-elle à travers ses larmes, mon ange, il y a longtemps, longtemps, déjà que je t'aime, sais-tu ?

— Depuis quand ?...

— Mais depuis que papa m'a ordonné de te demander pardon, et quand tu défendais ton père, Netochka, mon or-phe-line ! traînait-elle en semant des baisers sur ma figure.

Elle pleurait et riait à la fois.

— Ah ! Katia !

— Eh bien, quoi? eh bien, quoi?

— Pourquoi avons-nous si longtemps..., si longtemps...

Je n'achevai pas ; nous nous étreignions de nouveau sans prononcer un mot.

— Ecoute ! Que pensais-tu de moi? demanda enfin la petite princesse.

— Oh ! comme je pensais à toi, Katia ! J'y pensais ! jour et nuit j'y pensais.

— Et tu parlais de moi la nuit ; je t'entendais !

— Vraiment ?

— Et tu as pleuré plusieurs fois.

— Tu vois ! Pourquoi étais-tu si orgueilleuse, alors ?

— Mais j'étais sotte, Netotchka ! Cela me passe ainsi par la tête et voilà tout. J'étais toujours fâchée contre toi.

— Et pourquoi ?

— Parce que j'étais méchante. D'abord, parce que tu vaux mieux que moi. Puis, parce que papa te préférait. Et papa est bon, Netotchka, n'est-ce pas ?

— Oh oui ! répondis-je avec des larmes, en me rappelant le prince.

— Oh ! le bon cœur ! reprit sérieusement Katia.

Mais que dois-je faire avec lui? Il est toujours comme ça...

Et puis j'ai été obligée de te demander pardon, ce qui m'a fâchée de nouveau contre toi.

— Et moi je voyais que tu allais pleurer.

— Eh bien, tais-toi, petite pleurnicheuse que tu es, toi-même! dit Katia en me fermant la bouche avec sa main. Ecoute ; je voulais bien t'aimer, et puis, tout à coup, je voulais te détester. Et je te détestais tant! je te détestais tant!...

— Mais pourquoi donc?

— Oui, j'étais déjà très fâchée contre toi. Je ne sais pas pourquoi! Et puis je m'apercevais que tu ne pouvais vivre sans moi. Alors je pensais : Attends, je vais te torturer.

— La mauvaise!

— Ah! Katia!

— Ma petite amie! continua-t-elle en me baisant la main. Et puis je ne voulais pas te parler ; Et te rappelles-tu comme j'ai caressé Falstaff?

— Oh! comme tu as été courageuse!

— Et comme j'avais peur! traîna la petite princesse. Sais-tu pourquoi j'ai voulu à toute force m'approcher de lui?

— Non, pourquoi?

— Mais parce que tu me regardais.

Quand j'ai vu que tu me regardais, alors... advienne que pourra, j'ai marché. Je t'ai fait peur, hé ? Craignais-tu pour moi ?

— Terriblement !

— Je le voyais. Et comme je fus heureuse quand Falstaff partit. Mon Dieu, comme j'ai eu peur, après, quand il a été loin, le monstre !

Et Katia riait nerveusement. Elle leva soudain sa tête brûlante et me regarda en face. De petites larmes pareilles à des brillants, tremblaient au bout de ses longs cils.

— Qu'y a-t-il donc en toi pour que je t'aime tant ? Tiens ! une petite pâlote, des cheveux blond fade, des yeux bleu clair, une petite sotte, une pleurnicheuse, une orpheline !

Et Katia se pencha encore pour faire pleuvoir sur moi des baisers et des larmes. Elle était profondément attendrie.

— Et combien je t'aimais donc ! Mais je pensais : Non ! non ! je ne le lui dirai pas. Et comme j'étais entêtée ! Pourquoi avais-tu peur de moi ? pourquoi avais-je honte devant toi ? Vois donc comme nous sommes bien à présent.

— Katia, comme j'ai mal, disais-je dans un transport de bonheur ; mon âme souffre !

— Oui, Netotchka ! Ecoute encore... Et puis, écoute ! Qui t'a appelée Netotchka ?

— Maman !

— Tu me raconteras tout sur ta maman ?

— Tout ! tout ! répondis-je avec effusion.

— Et qu'as-tu fait de mes mouchoirs en dentelles ? et le ruban pourquoi l'as-tu emporté ? Ah ! effrontée que tu es ! Je sais tout.

Je me mis à rire en rougissant.

— Non, pensais-je ! Je vais la tourmenter ! Elle attendra ! Et une autre fois je pensais : Mais je ne l'aime pas du tout ! je ne puis pas la supporter ! Et tu étais toujours si douce, petite chèvre que tu es ! Et comme j'avais peur que tu me croies sotte ! Tu es intelligente, Netotchka ! très intelligente, n'est-ce pas ?

— Voyons, que dis-tu là, Katia ? répondis-je presque offensée.

— Oui, tu es très intelligente ! décida Katia sérieusement ; je le sais. Un matin, je me suis levée et tout à coup, j'ai commencé à t'aimer tant, que c'était terrible. Je rêvais de toi toute la nuit. Je pensais : Je vais demander à maman d'habiter en bas. Je vais y rester. Je voulais t'aimer et puis je ne voulais plus. Et, la nuit suivante, je m'endormais et je me disais : Ah ! si elle venait comme hier. Et tu venais! Ah! comme je faisais semblant de dormir. Ah! quelles effrontées nous sommes, Netotchka?

— Mais pourquoi ne voulais-tu pas m'aimer?

— Parce que!... Mais que dis-je! je t'aimais! Je t'ai aimée tout le temps! C'est plus tard que je t'ai détestée. Je vais l'embrasser, pensais-je, et la pincer jusqu'à ce qu'elle en meure! Tiens! voilà, petite sotte que tu es!

Et Katia me pinçait.

— Te rappelles-tu quand je t'ai rattaché ton soulier?

— Oui, je me le rappelle.

— Oui! je me le rappelle!... Te sentais-tu heureuse? Je te regardais : Est-elle gentille! me disais-je. Je vais lui nouer ses lacets de bottines! qu'en pensera-t-elle? J'étais si contente, moi! Et, parole! je voulais t'embrasser... Mais je ne l'ai pas fait. Et puis j'avais tant envie de rire. C'était si drôle et pendant tout le temps de la promenade il me venait des idées folles. Je ne pouvais te regarder, tant j'avais envie de rire. Et comme j'ai été contente, quand tu es allée en prison pour moi!

(La chambre noire s'appelait la prison)

— Avais-tu peur?

— Oh oui, bien peur.

— J'étais contente, non parce que tu t'étais dénoncée mais parce que tu allais en prison à ma place. Elle pleure à présent, me disais-je, et moi, comme je l'aime! Demain, je l'embrasserai tant! je l'embrasserai tant!... Et mon Dieu, je ne te plaignais pas, mais j'en pleurais.

— Eh bien, moi je n'ai pas pleuré, j'étais heureuse, bien heureuse!

— Tu n'as pas pleuré? Ah! la méchante! s'écria Katia en m'embrassant plus fort.

— Katia! Katia! mon Dieu que tu es belle!

— N'est-ce pas? Eh bien, fais maintenant de moi ce que tu voudras. Tyrannise-moi, pince-moi, je t'en prie, pince-moi une fois. Ma petite chérie, pince-moi...

— Maligne!

— Et quoi encore!

— Petite sotte!

— Et encore?

— Et encore? Embrasse-moi.

Nous nous embrassions, nous pleurions, nous riions. Nos lèvres se gonflaient sous les baisers.

— Netotchka! d'abord tu viendras toujours dormir avec moi. Tu aimes à embrasser: Eh bien nous nous embrasserons. Puis je ne veux plus que tu sois toujours triste. Pourquoi t'ennuyais-tu autant ? Tu me le raconteras, n'est-ce pas ?

— Je te raconterai tout ! Mais à présent, je ne m'ennuie plus ; je suis bien heureuse.

— Je veux que tu aies les joues aussi rouges que les miennes. Ah ! si nous étions déjà à demain !... As-tu envie de dormir, Netotchka ?

— Non.

— Eh bien, causons.

Et nous bavardâmes ainsi deux heures encore. Dieu sait ce que nous avons dit. D'abord la petite princesse m'avoua qu'elle aimait son père plus que tout le monde, presque plus que moi-même. Nous décidâmes que Mme Léotard était une brave femme, pas trop sévère. Nous fîmes des projets pour le lendemain et les jours suivants ; même nous réglâmes notre vie pour une vingtaine d'années. Voilà comment Katia arrangeait nos existences : Un jour, elle ordonnerait et moi j'obéirais. Le lendemain, c'est moi qui commanderais et elle se soumettrait sans observation. Plus tard nous nous partagerions la direction. L'une de nous, plus tard encore, ferait en sorte de désobéir. Alors nous nous fâcherions, comme cela, pour rire. Et nous nous réconcilierions le plus tôt possible. En un mot, un bonheur éternel nous atten-

7

dait. Enfin comme j'étais fatiguée de babiller, mes yeux se fermèrent, Katia se moqua de moi, m'accusa d'être une endormie et elle s'assoupit avant moi. Le matin nous nous réveillâmes ensemble. Nous nous embrassâmes en hâte, car quelqu'un approchait. Et j'eus le temps tout juste de regagner mon lit.

Toute la journée, nous fûmes embarrassées de notre propre bonheur. Nous nous cachions de tout le monde, tant nous redoutions les regards étrangers. Dès qu'il entrait quelqu'un, nous devenions toute tremblantes. Nous craignions qu'on ne nous surprît à nous embrasser.

Dans l'après-midi, on nous laissa seules pendant une heure ; j'en profitai pour raconter mon histoire à Katia. Il n'est sans doute pas nécessaire de la reproduire ici dans toute sa longueur. C'est d'ailleurs un sujet qui mérite d'être traité à part, ce que je ferai un jour. Je résume donc mes souvenirs aussi brièvement que possible.

« Mon père, Efimoff, était musicien. Il fut d'abord clarinettiste chez un riche seigneur mélomane qui avait un orchestre complet. Efimoff avait malheureusement des habitudes d'ivrognerie qui le rendaient détestable et dont il ne put jamais se corriger.

Un jour il fit la rencontre d'un Italien qui jouait assez bien du violon, et qui lui enseigna son art. Ils se lièrent d'une étroite amitié jusqu'à la mort tragique de l'Italien qu'on trouva un matin dans un fossé où il était tombé en état d'ivresse et sous le coup d'une congestion cérébrale.

Après cet accident, Efimoff changea tout à coup d'attitude envers son seigneur qui le traitait fort bien ; il devint insolent, prétentieux et exigeant ; il calomnia même son bienfaiteur. Une violente explication s'ensuivit et le seigneur apprit avec étonnement qu'Efimoff jouait du violon ; après l'avoir entendu, il fut émerveillé de son talent et lui offrit de rester dans l'orchestre avec des appointements beaucoup plus élevés et en qualité de premier violoniste. Efimoff, gonflé d'orgueil et déjà sous l'empire de la folie, refusa prétextant le désir d'aller à Pétersbourg se perfectionner dans son art. Il reçut trois cents roubles et partit.

Mais, au lieu de se rendre à Pétersbourg, il erra dans la province et en moins de quelques mois dissipa tout son argent. Il fut alors obligé de s'engager dans un orchestre de passage, le quitta pour entrer dans un autre, et mena ainsi pendant sept ans une existence de musicien ambulant. Dégoûté enfin de sa vie nomade, et s'imaginant qu'il était un grand artiste destiné à la célébrité, il se rendit à pied à Pétersbourg et y arriva dans l'état le plus misérable. Il y fit aussitôt connaissance avec Bouvarov, un des plus grands musiciens de ce temps, dont la réputation commençait à peine et qui vivait en donnant des leçons. Bouvarov travaillait sans relâche avec l'obstination et la persévérance d'un Allemand ; il sortit bientôt de son obscurité grâce à la protection du prince X***.

Efimoff, paresseux et ivrogne, touchait rarement à son violon malgré les conseils de son ami et il s'enfonça de plus en plus dans la misère. S'illusionnant sur son talent réel mais imparfait, il jugeait inutile de travailler et attribuait son découragement à la pauvreté qu'il n'essayait même pas de combattre.

C'est alors qu'il rencontra ma mère. Elle avait 300 roubles d'économie amassés pendant qu'elle était gouvernante dans une grande maison. Efimoff crut que ces 300 roubles lui permettraient d'atteindre la situation et la gloire qu'il rêvait. Il épousa la pauvre femme qui l'aimait avec passion : elle ne tarda pas à déplorer cette faiblesse.

J'avais alors trois ans, mais je comprenais déjà bien des choses. Je n'avais jamais connu mon vrai père qui était mort presque aussitôt après ma naissance. Je m'attachai à Efimoff passionnément et bientôt même je l'aimais plus que ma mère. Quelle était la cause de cette singulière préférence? Sans doute je m'apercevais qu'Efimoff était aussi enfant que moi. Il continuait la vie inutile et désordonnée d'avant son mariage ; aussitôt les 300 roubles dissipés, il se croisa noblement les bras.

Je commençai à souffrir de la misère et du désaccord qui régnait constamment entre mon père et ma mère. Nous logions dans un grenier sans air et presque sans lumière. Ma mère travaillait pour trois et s'épuisait, ce qui ne nous empêchait pas quelquefois de mourir de faim. Pendant les éternelles disputes qui s'élevaient entre mes parents, je me réfugiais terrifiée dans un coin de notre pauvre logis d'où je voyais la vaisselle voler en éclats, ma mère crier et pleurer ; je restais là tremblante pendant des heures.

Un jour, mon père rencontra Bouvarov qui vint nous voir et lui procura une place dans un orchestre d'opéra. Ma mère qui croyait au génie d'Efimoff et qui l'aimait malgré ses torts crut que notre misérable existence allait changer et en fut bien heureuse. Cette éclaircie dura quelques mois à peine. Efimoff répandit contre Bouvarov les plus odieuses calomnies ; il fut arrogant, insolent et se brouilla avec le chef d'orchestre : on finit par le chasser du théâtre.

Nous continuâmes à vivre pendant des années du seul travail de ma mère. Pour satisfaire ses goûts d'ivrogne, Efimoff me demandait souvent l'argent des commissions et il avait pris sur moi un si étrange ascendant que je n'osais pas toujours le lui refuser, malgré l'embarras qui devait en résulter pour ma pauvre mère. Pour me récompenser il me montrait son violon, me disait qu'il était un grand artiste et que plus tard nous serions heureux ; nous irions demeurer dans une belle maison et notre vie serait alors luxueuse et enchantée. Je croyais à tous ces mensonges qu'il me débitait de bonne foi car sa folie était incurable : il mourut le jour où il en pouvait guérir.

En attendant, il m'apprenait à lire et me racontait des histoires, ce qui ouvrit mon imagination jusque-là comprimée par la douloureuse réalité, aux chimères dorées et consolantes.

Je méditais profondément à l'âge où les enfants ne font que rire et jouer, je me repliais sur moi-même et cette réflexion trop hâtive développait en moi une sensibilité maladive et exagérée.

Cependant le dénouement approchait. Schurmann, le violoniste universellement connu et acclamé, vint à Pétersbourg pour se faire entendre dans une série de concets. Efimoff en fut bouleversé bien longtemps à l'avance. Il faut dire qu'il ne manquait aucune audition de ce genre et qu'il en rapportait toujours la conviction de sa très grande supériorité sur tous les autres artistes. Quelques jours avant le premier concert de Schurmann, il rencontra le prince et Bouvarov qui résolurent de lui envoyer un billet car les places coûtaient fort cher. Efimoff, ne se doutant pas de cette généreuse intention et voulant à toute force entendre le grand musicien m'avait décidée, à force d'instances, et de supplications à lui donner quinze roubles sur le change de l'argent que ma mère m'avait remis pour faire des commissions; et malgré d'épouvantables remords, j'accomplis cette vilaine action ! Quelques minutes après je tombai dans une violente crise de nerfs. Au même moment un domestique du prince apporta le billet. Ma mère, s'illusionnant de nouveau sur le génie de son mari dont le prince semblait vouloir s'occuper, lui pardonna encore car elle le devina coupable de la disparition des quinze roubles que d'ailleurs il ne lui rendit pas; mais elle ne lui pardonna pas d'avoir perverti son enfant.

Mon père s'habilla à la hâte car le concert commençait à huit heures et il en était sept. Lorsqu'il fut parti, ma mère m'attira auprès d'elle, me caressa longtemps en murmurant d'une voix faible : « Ma pauvre enfant, que deviendras-tu sans moi? que deviendras-tu, ma Netotchka? » Et elle pleurait. Je pleurais aussi et me sentais effroyablement triste.

Elle était bien malade depuis des années et s'épuisait encore de travail pour nous faire vivre tous.

N'en pouvant plus, elle tomba sur son lit et me dit de me coucher. Je lui obéis, mais ne pus m'endormir avant de longues heures d'insomnie fiévreuse. Je souffrais trop. Ma mère avait laissé la chandelle allumée et la clef sur la porte, comme elle faisait chaque fois que mon père devait rentrer tard.

Vers le milieu de la nuit, je m'éveillai d'un affreux cauchemar. Mon père était devant moi, il tenait son violon à la main. Il allait commencer à jouer, mais une autre idée lui passa par la tête. Il posa son violon sur la table et s'approcha du lit de ma mère ; il se pencha vers elle et resta ainsi quelques minutes qui furent angoissantes pour moi, car je ne comprenais pas ce que cela voulait dire, ensuite, il promena ses mains sur le drap en tâtonnant avec hésitation. Quand il se releva, je fus épouvantée de la pâleur de son visage. Je regardai ma mère ; elle dormait profondément ; son corps se dessinait en lignes rigides sous la mince couverture ; sans savoir pourquoi je fus frappée de son immobilité et la surveillai patiemment dans l'espoir de la voir remuer bientôt. Elle ne bougea pas.

Mon père se dirigea vers l'armoire et se versa un verre de vin qu'il avala d'un trait. Il revint vers la table et, comme il allait attaquer les premiers accords, il changea de position et se détourna vers la porte afin de ne point voir le lit. Soudain il se mit à jouer et je fus terrassée d'émotion. Ce n'étaient point des sons ordinaires qu'exhalait l'instrument, mais des soupirs, des sanglots, des lamentations déchirantes qui se pressaient en foule sous l'archet frémissant. Je ne pus supporter longtemps cette musique désespérée qui me tordait le cœur. Je poussai un cri, sautai de mon lit et vint tomber dans les bras de mon père. Il rangea son violon dans la boîte :

— Il est temps de partir, viens Netotchka.

Je préparai à la hâte un paquet de mes pauvres vêtements. Lui fourra dans ses poches tous les menus objets qui lui tombèrent sous la main. Il avait l'air d'un fou et je ne pouvais le regarder sans trembler. Quand tout fut prês, je lui dis :

— Et maman, petit père, est-ce que nous n'emmenons pas maman ?

— Viens la saluer, elle est morte.

Cette révélation me glaça de terreur, bien que j'en eusse comme un sourd pressentiment.

Je m'approchai de ma mère : elle était déjà toute raide et avait la face bleue. L'épouvante m'empêchait de prononcer un mot; cependant j'eusse voulu crier :

— Allons-nous-en, petit père, allons-nous-en.

Il me prit par la main et nous franchîmes le seuil; mais là il s'arrêta.

— Viens prier pour ta mère, me dit-il d'une voix grave.

Je rentrai dans la chambre et m'agenouillai au pied des images; mais je ne pouvais prier : j'étais transie de peur.

— Il est temps, dit-il enfin, partons.

Soudain il se rappela encore quelque chose; il se frottait le front sans cesse. Il ouvrit le tiroir de la commode boiteuse, prit l'argent qui restait et me le glissa dans mon corsage, à même sur la peau; le froid du métal me fit frissonner.

Nous descendîmes l'escalier pour ne plus revenir. En passant devant le concierge, mon père pourait presque, de peur d'être interrogé sur sa sortie nocturne. Une fois dehors, il marcha si vite que j'eus peine à le suivre ; je me suspendis à son habit pour ne point rester en arrière. Après une demi-heure de cette course fatigante, nous nous arrêtâmes sur le quai du canal et mon père s'assit sur le parapet.

— Petit père, lui dis-je, ce n'est pas bien d'avoir laissé maman toute seule. Il faut retourner pour faire veiller quelqu'un auprès d'elle.

— Tu as raison, Netotchka, cours vite, je t'attendrai ici. Il y a de la lumière et tu n'auras pas peur. Puis tu reviendras ici.

— Oui, petit père, attends-moi.

Il neigeait et je m'épouvantais de partir seule dans la nuit, surtout de me retrouver auprès de la pauvre morte. Mais il le fallait, je ne pouvais abandonner ma mère ainsi, c'était un sacrilège.

Et il faisait si froid dehors, si froid ! Malgré la précipitation de notre fuite, je l'avais bien senti.

Je jetai sur mon père un dernier regard suppliant et je traversai la chaussée. Comme je posais le pied sur le trottoir d'en face, je me détournai pour voir mon père... Il n'était plus là, il courait dans la direction opposée. Je poussai un cri et m'élançai à sa poursuite. Je pleurais, je l'appelais éperdument sans qu'il voulût s'arrêter et me répondre.

— Petit père, criais-je, petit père, si tu ne veux plus de moi, je vais m'en retourner auprès de maman, mais embrasse-moi une dernière fois... tu m'avais tant promis de m'emmener et que nous irions dans une belle maison... petit père...

J'étais haletante, j'étouffais et mes jambes fléchissaient. Il était loin, si loin, que je désespérais de le rejoindre. Il tourna le coin d'une rue. Je fis un dernier effort et repris ma course. Vers le milieu de la rue, mon pied lassé buta contre une pierre; je glissai et tombai dans la neige. Une sueur froide me glaça tout entière; je sentis une affreuse douleur dans le côté gauche de ma tête et un liquide chaud coula sur mon visage. A bout de forces et de souffrance, je m'évanouis...

En rouvrant les yeux, je vis devant moi le prince, votre père, qui m'avait ramassée devant la porte de l'hôtel et qui me fit soigner ici. Bientôt après, je vous connus, Katia, je vous aimai, et voilà toute mon histoire.

— Pauvre petite chérie, pauvre orpheline, me dit Katia en m'entourant de ses bras et me couvrant de larmes et de baiser.

Et Efimoff, que devint-il ?

— Deux jours après, on le trouva fou qui errait dans la campagne. On l'enferma dans une maison d'aliénés, où il mourut presque tout de suite.

Katia était violemment émue.

— Méchante ! méchante que tu es ! Pourquoi ne m'as-tu pas déjà raconté tout cela ? Je t'aurais tant aimée ! je t'aurais tant aimée, ma pauvre Netotchka. Alors, tu allais faire les commissions ?

— Oui, et quelquefois les gamins me battaient pour prendre mon argent.

— Oh ! les méchants ! Si j'en rencontre un jamais, je prendrai le fouet de Falstaff et je le battrai.

Ses petits yeux flambaient d'indignation.

Ainsi s'écoula cette journée et la suivante. Je pensais mourir de joie. J'étouffais de bonheur. Mais ce bonheur ne devait pas durer.

Mme Léotard avait reçu l'ordre de rapporter à la princesse tous nos mouvements. Elle nous observa pendant trois jours et ce temps lui suffit pour accumuler des preuves.

Elle se rendit chez la princesse, lui raconta que nous vivions dans une sorte de fièvre, que nous ne nous quittions plus, que nous nous embrassions à chaque instant, que nous pleurions et riions comme des folles, que nous bavardions sans cesse, ce qui n'arrivait jamais auparavant. Mme Léotard ne savait à quel motif attribuer ce changement d'humeur, mais il lui semblait que la petite princesse était dans un état de crise et qu'il serait préférable de nous laisser moins souvent ensemble.

— Je le pensais depuis longtemps, répondit la princesse ! Je savais bien que cette étrange orpheline nous donnerait du souci. Elle a une influence évidente sur Katia — Vous dites que ma fille l'aime beaucoup?

— Eperdument.

La princesse dépitée, et jalouse de moi déjà, rougit.

— Ce n'est pas naturel, reprit-elle. Elles étaient d'abord si indifférentes l'une à l'autre. Et je vous l'avoue, j'en étais bien aise. Malgré sa jeunesse, je ne puis rien garantir de cette enfant. Elle peut avoir sucé, avec le lait maternel, des principes mauvais. J'ai proposé mille fois au prince de l'éloigner en la mettant en pension. Aujourd'hui, je n'attendrai plus, il faut qu'elle parte ; il le faut !

XVIII

La séparation fut décidée.

En vain Mme Léotard voulut bien prendre ma défense.

Katia fut avertie qu'elle ne me verrait plus d'ici huit jours. J'appris cette nouvelle dans la soirée et en fus anéantie. Il me semblait que Katia ne pourrait, après ce qui s'était passé entre nous, supporter cette séparation.

Le prince, qui me vint voir le lendemain, chercha par des consolations à me rendre l'espérance, mais tout était bien fini pour nous. La princesse était inébranlable dans sa détermination.

Je restais ainsi plongée dans ma douleur, quand

trois jours après je reçus un billet de Katia envoyé par la femme de chambre. « Je t'aime beaucoup, m'écrivait-elle, et ne songe qu'au moyen de me retrouver près de toi. Ne pleure donc pas, ma chérie, et écris-moi comme tu m'aimes. J'ai rêvé de toi, Netotchka, je t'envoie des bonbons et t'embrasse bien. Adieu !... »

Je répondis à Katia dans le même style, et je pleurai toute la journée sur le billet que je lui destinais.

Mme Léotard s'empressait auprès de moi et se repentait de ce qu'elle avait dit. Mais rien ne pouvait me consoler et à chaque instant j'interrogeais Nastia, notre bonne, sur tous les faits et gestes de mon amie.

Un matin j'appris que le prince m'attendait dans son cabinet.

J'accourus tremblante de joie et d'émotion. Le prince n'était pas seul. Katia se jeta à mon cou dès que j'ouvris la porte. Puis, sautant sur les genoux de son père, elle le couvrit de caresses, et si follement que tous deux roulèrent sur le divan.

— Petite folle ! dit le prince.

— Oh que tu es bon, mon papa, fit Katia.

— Mais d'où te vient, chère petite, une si folle et si subite amitié ?

— Ah ! tais-toi, papa, tu ne connais pas nos affaires.

Sur ce mot nous nous jetâmes dans les bras l'une de l'autre en pleurant.

Katia avait bien maigri durant ces trois jours ! Je l'observais anxieuse, son teint avait pâli, elle était même si blême qu'à la fin je ne pus retenir mes sanglots.

Tout à coup Nastia frappa à la porte. Elle venait chercher Katia sur l'ordre de sa mère.

Katia devint pâle comme une morte à l'idée de me quitter.

Le prince paraissait aussi bien tourmenté.

— Au revoir, mes enfants, nous nous retrouverons ici tous les jours, que Dieu vous bénisse, et il sortit.

Hélas ! nous ne devions pas même conserver cette joie.

Le prince dut subitement partir, appelé à Moscou pour y voir son fils, le petit Sacha, gravement malade.

Le lendemain fut un jour de larmes, un jour d'adieu.

Le départ de la famille étant irrémissible, on voulut bien nous permettre de nous dire adieu, à Katia et à moi.

La voiture de voyage attendait au bas du perron. J'étais folle de douleur et Katia toute abattue.

Je sentais que c'était encore quelque chose que j'avais aimé qui s'en allait, qu'un peu de mon cœur s'enfuyait loin de moi, que ma vie se poursuivrait toujours ainsi, sans espérance, sans amitié, et les larmes me suffoquaient. Katia comprenait cela comme moi, mais plus nerveuse peut-être elle ne pouvait pleurer. On l'emporta évanouie.

Je marchais près d'elle, sans savoir si je pensais, la couvrant de mes baisers et de mes larmes.

Tout à coup elle rouvrit les yeux, et me voyant :
« Ne pleure point, ma Netotchka, ne te tourmente pas pour moi, je reviendrai, dans un mois, et alors nous ne nous quitterons plus jamais !... Adieu !...

Et elle riait étrangement en me disant cela.

La princesse était près de nous ; cette scène la gênait et l'irritait.

— C'en est assez, fit-elle enfin. Nous partons, Netotchka !

Et elle entraîna sa fille.

Katia s'échappant de ses bras revint à moi.

— Tu es ma vie ! s'écria-t-elle toute palpitante. Tu es ma vie ! Je ne te dis pas adieu, Netotchka ! au revoir !...

Une dernière fois nous nous embrassâmes, et elle partit.

Elle partit pour longtemps. Elle emporta avec elle tout le beau rêve de mon enfance malheureuse, elle emporta la moitié de mon âme et jamais peut-être elle n'en a rien su!...

XIX

Katia était donc partie. Il me fallait rester désormais plus seule et plus orpheline que jamais.

J'entrais malgré moi dans une autre existence, et comme un esquif balancé par les flots, je suivais la vague qui voulait me porter.

Ce fut un grand événement pour moi que le départ de la famille du prince pour Moscou.

Je restai seule avec Mᵐᵉ Léotard. Quinze jours après, nous reçûmes avis que le retour de la famille était remis à une époque indéterminée. La gouvernante ne pouvait, pour des raisons particulières, se rendre à Moscou. Le prince qui l'estimait, écrivit à sa fille aînée, Alexandra Mikaïlowna, de nous prendre toutes les deux chez elle: je n'ai pas encore parlé d'Alexandra Michaïlowna parce que jusqu'à présent je n'avais eu l'occasion que de la voir une seule fois. C'était une fille du premier lit de la princesse qui avait d'abord été mariée à un entrepreneur. Avant de s'unir en secondes noces au prince, elle eût bien voulu caser sa fille, ce qui n'était pas facile, la dot étant fort mince. Enfin, après quatre ans d'impatientes recherches, elle trouva pour sa fille un mari plus vieux qu'elle, mais riche et titré.

Dans les premiers temps de cette union, la princesse allait voir sa fille deux fois l'an ; le prince y allait chaque semaine avec Katia. Mais bientôt il déplut à la princesse que Katia vît sa sœur aussi souvent, ce qui obligea le prince de l'emmener en cachette. Katia adorait sa sœur, bien que leurs caractères fussent aussi différents que possible. Alexandra Michaïlowna avait vingt-deux ans à cette époque; elle était douce, tendre et aimante ; on devinait, tout de suite, en elle une tristesse cachée ; ses traits charmants étaient revêtus d'un expression grave et touchante qui trahissait une souffrance intime. Le sérieux ne convenait pas à son visage d'ange, pas plus que le deuil ne convient à un enfant. On ne pouvait la regarder sans être pris pour elle d'une sympathie profonde. Elle était toujours pâle et prédisposée à la phtisie. Ayant vécu longtemps dans la solitude, elle n'aimait pas le monde.

Je me souviens de son aimable accueil, lorsque j'arrivai chez elle avec Mme Léotard. Elle vint à moi et m'embrassa avec une grande tendresse; puis elle me prit dans ses bras et me demanda si je voulais bien demeurer chez elle et être sa fille. Je vis tout de suite, en elle, la sœur de ma Katia; mon cœur se serra d'émotion et je l'embrassai avec douleur. Il me semblait entendre encore une fois ce mot: « Orpheline ! »

Alexandra Michaïlowna me montra la lettre du prince qui nous recommandait à elle. Mon bienfaiteur me souhaitait une heureuse vie et m'engageait à aimer sa fille aînée qui serait bonne pour moi. Katia m'écrivait aussi quelques lignes pour m'annoncer qu'elle ne quittait plus sa mère.

Voilà comment j'entrai dans une nouvelle famille, dans une nouvelle maison en m'arrachant une seconde fois à tout ce qui m'était cher, à tout ce qui était devenu mien. J'arrivais là l'âme déchirée et déjà fatiguée de la vie.

Cette nouvelle existence se déroula calme et sans incident, ainsi que dans un couvent. Je vécus chez mes protecteurs plus de huit années et je ne me rappelle pas, pendant tout ce temps, une seule soirée, un dîner, une réunion de parents ou d'amis. Deux ou trois personnes venaient quelfois, entre autres le musicien Bouvarov, puis des gens qui avaient spécialement affaire au mari d'Alexandra Michaïlowna; celui-ci était très absorbé par ses entreprises et consacrait fort peu de temps à sa famille; de nombreuses relations qu'il ne pouvait négliger le forçait à paraître souvent dans le monde. On parlait beaucoup de son ambition, mais il avait cependant la réputation d'un homme sérieux; il occupait une assez haute situation, le succès et la fortune ne lui étaient pas contraires, en sorte que l'opinion publique lui était favorable. On s'occupait beaucoup de lui et fort peu de sa femme qui vivait dans une solitude profonde et qui en paraissait satisfaite.

Elle m'aimait comme son enfant; et moi, encore attristée, le cœur meurtri par ma séparation d'avec Katia, je me jetai ardemment dans ses bras qui s'ouvraient pour me consoler. Depuis je l'ai toujours aimée comme une mère, une sœur et une amie.

Je m'aperçus bientôt et malgré les apparences qu'elle était loin d'être heureuse. Le cours tranquille de son existence, était comme une couche de neige qui recouvre un volcan presque éteint. Même son doux sourire ne dissimulait pas assez la peine cuisante qui ravageait son âme.

Je devinai ce chagrin profondément enfoui et dissimulé et je l'en aimai plus encore.

Elle semblait, d'ailleurs, se défier d'elle-même et surveiller étroitement son cœur. Parfois, au moment même où elle apparaissait tout à fait calme et sereine, de grosses larmes coulaient de ses yeux. On eut dit que la conscience de quelque chose s'éveillait en elle pour la torturer.

Son mari semblait l'adorer et était aux petits soins pour elle; elle aussi — lui témoignait de l'affection; néanmoins une enfant comme moi pouvait comprendre qu'il y avait une glace entre ces deux cœurs, et qu'aucun soleil ne la fondrait jamais.

Tout d'abord, je n'aimai pas le mari d'Alexandra Michaïlowna. C'était un homme de haute taille, maigre, froid, les yeux toujours cachés par des lunettes bleues, et comme à dessein.

Il était peu communicatif et même envers sa femme avait toujours l'abord glacial et tranchant d'un anglais. Il était renfermé et trouvait rarement un sujet de conversation. La société lui était parfois insupportable.

Il n'accordait à ma personne aucune attention, et s'il nous arrivait de nous trouver réunis tous les trois au salon je perdais contenance et cherchais où me cacher.

Si je jetais à la dérobée un regard sur Alexandra Michaïlowna je la voyais observer anxieusement les gestes et les attitudes de son mari, craignant toujours de lui déplaire et redoutant dans ses paroles des allusions que je ne pouvais saisir.

Elle employait toute sa grâce et toute sa volonté pour plaire à cet homme et d'avance elle désespérait d'y parvenir. Elle cherchait moins à le flatter dans ce qu'elle faisait qu'à mendier son approbation. Elle se réjouissait au moindre sourire qu'elle pouvait arracher à cette nature apathique et froide, mais cette joie même, n'était pas complète et n'arrivait pas à chasser la contrainte et la tristesse qui régnaient entre eux. C'est seulement quand son mari l'avait quittée qu'elle redevenait bonne et joyeuse. Alors elle causait avec moi de toutes choses, comme avec une amie. Nous parlions quelquefois de lui, mais notre conversation se bornait aux interrogations qu'elle voulait bien me faire à son sujet: « M'a-t-il bien dit ceci ou cela? Paraissait-il satisfait? » et c'était tout.

Elle interrogeait encore les domestiques, demandant où il avait été dans la journée, s'il ne s'était plaint de rien.

Une telle affection m'étonnait profondément. Je n'étais qu'une enfant mais pourtant je sentais, et bien clairement qu'il ne devait pas en être ainsi entre l'époux et sa femme. Je me perdais en conjectures, et finissant par ne rien trouver je laissais s'écouler les jours et m'habituais à cette tristesse solennelle qui hantait la maison.

A peine si quelques rayons gais perçaient en cette vie monotone.

Parfois Peter Alexandrowitch se montrait plus attentif que de coutume auprès d'Alexandra Michaïlowna ; il répondait à ses amabilités par un sourire ou une bonne parole et la priait de se mettre au piano ; alors elle nous jouait quelque air de danse qui déridait la soirée d'hiver.

Mais cela n'arrivait que très rarement ; notre vie presque monacale s'écoulait uniforme, sans un seul événement. Je finis par m'y accoutumer et y trouver même quelque douceur.

Je grandissais et me développais ; de nouvelles sensations s'éveillaient en moi qui me distrayaient de mes préoccupations. D'ailleurs j'aimais beaucoup la jeune femme et, par discrétion, je n'osais trop approfondir la raison de son éternel chagrin.

Elle devinait mon affection et s'en montrait reconnaissante. Lorsqu'elle lisait une vive inquiétude sur mon visage, elle me souriait à travers ses larmes et plaisantait elle-même sur sa tristesse, ou bien elle voulait me persuader qu'elle vivait heureuse et contente, qu'elle trouvait une grande satisfaction dans la bonté et l'amitié qu'on lui montrait, que seuls les tourments de Peter Alexandrowitch la chagrinaient et qu'à part cela elle se trouvait heureuse, très heureuse !...

Cependant lorsqu'elle prononçait ces dernières paroles, elle ne pouvait empêcher des larmes brûlantes de jaillir de ses yeux.

XX

Alexandra Michaïlowna me portait donc une affection toute particulière et aimait à partager avec moi sa solitude. Elle me consacrait tous les loisirs que lui laissait son enfant, un bébé d'un an à peine.

Elle se mit en tête, peut-être pour se distraire, de faire mon éducation, et sans craindre la concurrence de Mme Léotard, qui souriait un peu de ses efforts.

Elle voulait en effet m'apprendre toutes les sciences à la fois, en sorte que je n'y comprenais rien et qu'elle se perdait elle-même dans ses explications. Mme Léotard trouvait qu'il y avait insuffisance de méthode, et que le rudiment laissait à désirer, mais l'on suppléait à tout par une bonne volonté très grande et aussi par beaucoup de mutuelle affection.

Ma protectrice s'inquiétait peu de la pédagogie, elle avait remarqué seulement que pour m'instruire il suffisait de comprendre mon genre d'esprit et de solliciter mon attention : elle avait raison et les faits le démontrèrent bientôt.

Dès le début les relations hiérarchiques d'élève à maîtresse disparurent. Nous apprenions comme deux amies ; souvent c'était comme si j'enseignais moi-même à Alexandra Michaïlowna, et je ne me doutais pas du stratagème. Par exemple une discussion s'élevait entre nous et il me fallait prouver la justesse de mon opinion, ce à quoi je m'efforçais et guidée sans m'en apercevoir par Alexandra Michaïlowna. Et quand enfin j'avais compris, je devinais en même temps la supercherie de ma maîtresse. J'appréciais aussi le sacrifice qu'elle me faisait d'une grande partie de sa journée. Je me jetais à son cou après chaque leçon. Mon excessive sensibilité l'étonnait et la touchait. Elle me questionnait curieusement sur mon passé, désireuse de l'entendre raconter de ma bouche, et chaque fois, mon récit fini, elle devenait avec moi plus tendre et plus sérieuse — plus sérieuse, car mon enfance malheureuse lui inspirait de la pitié et en même temps une sorte de respect. De longues conversations suivaient ces confidences que je voyais alors sous un nouveau jour et d'où je tirais un enseignement pour l'avenir.

Mme Léotard jugeait ces conversations trop graves et, voyant les larmes qui s'échappaient parfois de mes yeux, elle les trouvait déplacées. Moi, je n'étais pas de son avis.

Après chaque leçon je me sentais légère et attendrie comme si mon existence eût toujours été parfaitement heureuse. En outre j'étais reconnaissante à Alexandra Michaïlowna que j'aimais chaque jour davantage.

Dès le matin nous nous rencontrions dans la chambre de l'enfant, nous l'habillions, nous l'amusions en lui apprenant à parler, et je trouvais un plaisir extrême à la faire manger et à jouer à la petite mère avec lui.

L'étude, la promenade, les conversations, la musique se partageaient le reste de la journée et les mois s'écoulaient sans un événement.

XXI

Un jour, le musicien Bouvarov qui était un ami de la maison vint passer avec nous une soirée. On parla musique, art, artistes, toutes choses qui me rappelaient mon père et avaient ainsi un double intérêt pour moi.

J'étais déjà à cette époque une assez grande fille, je recevais des leçons de professeurs connus, car on voulait faire de moi une femme très instruite. Je m'appliquais à ces leçons autant qu'il m'était possible mais je leur préférais à toutes celles d'Alexandra Michaïlowna.

Je me souviens aussi que l'on m'avait donné un professeur d'histoire, mais dès qu'il était parti nous reprenions ensemble l'histoire à notre manière. Nous lisions beaucoup et quelquefois jusqu'au milieu de la nuit, ou pour mieux dire Alexandra Michaïlowna lisait, car elle était en même temps censeur et lectrice. Chacun de ces récits m'enthousiasmait. Nous nous animions toutes deux comme si nous en avions été les héroïnes. Nous lisions plus, il est vrai, entre les lignes que dans le texte même; et d'ailleurs Alexandra Michaïlowna lisait si bien qu'elle semblait avoir assisté elle-même aux événements.

On trouvera peut-être ridicule cette passion de lecture qui nous tenait éveillées si tard. Mais moi, je n'étais qu'une enfant, et elle, un cœur meurtri, qui supportait difficilement le fardeau de la vie. Je savais qu'elle trouvait dans ma compagnie une sorte de délassement. Je la regardais parfois d'un air pensif. Je devinais la vie, avant d'avoir commencé à vivre moi-même.

J'atteignis ainsi ma treizième année.

Le mal d'Alexandra Michaïlowna empirait chaque jour. Elle s'irritait plus facilement; ses crises de désespoir devenaient plus violentes, les visites de son mari se multipliaient; et il restait auprès d'elle plus silencieux et plus morne que jamais. L'avenir de la jeune femme m'inquiétait vivement. Je n'étais plus une enfant ; j'observais et je devinais bien des choses ; cependant le mystère qui planait sur cette maison m'obsédait, sans que je le puisse découvrir. A de certains moments, je croyais comprendre. D'autres fois, je restais indifférente, apathique, irritée même, et j'oubliais ma curiosité, ne pouvant trouver la solution des problèmes que je m'étais posés. Il m'arrivait fréquemment surtout de ressentir un étrange besoin d'être seule afin de penser, — de penser toujours !...

Ces moments me rappelaient le temps où, chez mes parents, avant d'être devenue l'amie de mon père, j'avais médité pendant tout une année sans presque prononcer un mot, si bien que j'étais devenue tout à fait sauvage au milieu des fantômes sortis de mon imagination. La différence de mon état actuel se manifestait dans mes impatiences, dans mes angoisses, dans mes élans inconscients, dans ma soif de mouvement qui me rendaient plus difficile qu'auparavant la concentration de mes idées.

De son côté la jeune femme paraissait m'éviter. A cet âge, je ne pouvais presque plus être une enfant pour elle. Je la questionnais trop et je la regardais parfois d'une telle façon qu'elle était obligée de baisser les yeux. Nous avions d'étranges moments. Je sentais que je lui devenais à charge. D'autres fois — et alors c'était très triste et très pénible — dans un transport de désespoir, elle me prenait dans ses bras et cherchait à m'intéresser à son sort. Elle ne pouvait plus supporter son isolement, et — paraissait croire que je la comprendrais et que nous souffririons ensemble.

Le mystère ne subsistait pas moins entre nous ! je le sentais et je m'éloignais d'elle. Sa présence me devenait parfois intolérable. Puis, à part la musique, peu de choses nous réunissaient. Le médecin lui défendait maintenant de jouer du piano. Lire? lui devenait plus difficile chaque jour, car elle ne savait que choisir pour moi. Nous en serions restées à la première page ; chaque mot aurait été une allusion, chaque phrase insignifiante, un problème. Nous fuyions toutes deux ces conversations brûlantes.

Vers cette époque, mon état moral subit une rude secousse et prit enfin une direction un peu plus déterminée.

Voici comment.

XXII

La salle à manger avait trois sorties. L'une donnait sur le grand salon, la seconde sur ma chambre et celle de l'enfant, la troisième sur la bibliothèque. La bibliothèque à son tour avait une issue par laquelle on pénétrait dans un cabinet de travail voisin de ma chambre. Un secrétaire de Péter Alexandrowitch, qui était en même temps son copiste, occupait ordinairement cette pièce où se trouvaient les clés des armoires et de la bibliothèque. Un jour après le dîner je trouvai par terre la clé de la bibliothèque ; la curiosité s'empara de moi, j'ouvris et j'entrai.

C'était une pièce assez vaste, très claire, garnie

de grandes armoires vitrées pleines de livres. La plupart étaient échus en héritage à Peter Alexandrowitch. L'autre partie se composait de livres achetés par Alexandra Michaïlowna. Jusqu'à ce jour, on ne m'avait mis entre les mains que des livres choisis avec beaucoup de soin. Il m'était donc aisé de deviner qu'on me cachait beaucoup de choses. C'est pourquoi, prise d'une curiosité irrésistible, tremblante de peur et de joie, j'ouvris la première armoire et je pris le premier volume qui s'offrit à moi : c'était un roman.

Rentrée dans ma chambre, j'en fermai la porte, mais je ne pus lire ; j'avais un autre souci : il me fallait d'abord trouver le moyen de disposer de la bibliothèque sans que personne en sût rien. Je remis la lecture à un moment plus propice, je reportai le livre à sa place et gardai la clef.

Je la gardai ! C'était la première mauvaise action de ma vie. J'attendis les événements. Tout se passa pour le mieux. Le secrétaire, après avoir cherché la clef toute la soirée, se décida le lendemain à faire appeler un serrurier qui en fournit une autre. L'incident n'eut pas d'autre suite, et bientôt même on l'oublia complètement.

J'eus la précaution de n'aller à la bibliothèque que huit jours plus tard, après m'être assurée qu'on n'avait aucun soupçon, et pendant une absence du secrétaire.

Dès lors, je m'adonnai à la lecture avec fureur ; ce fut une passion. Toutes mes aspirations, tous les élans de mon adolescence qui avaient trop tôt développé mon esprit, prirent une direction nouvelle que je crus longtemps la véritable issue de ma situation.

Bientôt je fus si fascinée, ma fantaisie s'étendit si largement, que je parus oublier le monde extérieur.

Le sort semblait m'arrêter sur le seuil de la nouvelle vie que je souhaitais si fort pénétrer et dont je rêvais jour et nuit. Mais, avant de me laisser prendre cette voie inconnue, ma destinée m'avait poussée jusqu'à une hauteur d'où elle me montrait, dans un magique panorama, dans une perspective attrayante et lumineuse, tout mon avenir. Je devais vivre cet avenir après l'avoir appris par les livres et aperçu dans mes rêves, dans mes espérances, dans mes élans passionnés, dans les douces émotions de ma jeune âme.

Je lus au hasard. Le hasard me servit bien pour les deux premiers volumes ; puis mon existence avait été si noble, si austère, que je ne pouvais être sollicitée par une lecture malsaine. Mon instinct d'enfant, ma jeunesse et tout mon passé me gardaient. La conscience m'avait comme éclairé d'un seul coup toute la vie. En effet, presque chaque page me semblait déjà comme lue. Et comment ne pas aller jusqu'à l'oubli du présent, isolée que j'étais en quelque sorte de la réalité. Quand, devant moi, dans chaque livre s'incarnaient les lois de la même destinée — le même esprit d'aventures qui plane sur la vie des hommes. Cette loi que je soupçonnais, je tâchai de toutes mes forces et avec toutes les facultés surexcitées de mon imagination de la deviner.

Chaque jour l'espérance se fortifiait dans mon âme et mes élans vers l'avenir devenaient plus violents. Je voulais vivre cette vie que je découvrais dans mes lectures et qui m'apparaissait revêtue de toutes les splendeurs de l'art, de toutes les séductions de la poésie. Mais, comme je l'ai déjà dit, mon imagination avait trop de pouvoir sur mon impatience ; je n'étais courageuse que dans mes rêves, et en réalité l'avenir m'épouvantait. D'un accord tacite avec ma conscience, je décidai qu'il me fallait contenter de la description de ces belles chimères jusqu'au jour où je pourrais les réaliser dans ce monde menteur et romanesque où je n'entrevoyais que joies et sublimité ;

le malheur quand je l'y admettais, ne jouait qu'un rôle passif, passager et nécessaire pour faire de doux contrastes, pour amener des changements subits de destinées évoluant vers les dénouements heureux, où aboutissaient invariablement toutes ces histoires.

Et cette vie de rêve qui m'isolait complètement de tout mon entourage a pu durer trois années !

Et cette vie était mon mystère à moi. Quand elle prit fin, j'ignorais encore si je devais ou non craindre de la révéler. Mon existence durant ces trois années fut si intérieure, si personnelle !

Mon moi se réfléchissait si uniquement dans tous ces songes, que j'étais confuse et effrayée à l'idée d'un regard étranger qui eût pénétré dans mon âme. D'ailleurs tout le monde à la maison vivait isolé, en dehors des autres, dans un recueillement monacal.

Pendant ces trois ans, rien ne remua, rien ne se modifia autour de moi. Une triste uniformité régnait sur nous comme auparavant. Je crois que si je n'avais pu échapper à ce cercle de lassitude et de chagrin par mon activité intellectuelle, le dégoût et le désespoir m'eussent peut-être jetée dans une voie fatale.

Mme Léotard vieillissait ; elle ne quittait plus sa chambre. Les enfants étaient encore trop petits pour m'intéresser. Le mari d'Alexandra Michaïlowna, toujours le même, sévère et renfermé, me glaçait d'effroi. Le mystérieux abîme qui le séparait de sa femme devenait chaque jour plus terrible, plus infranchissable. Alexandra Michaïlowna s'étiolait comme une plante brisée ; elle dépérissait sans cause apparente comme d'un épouvantable remords dont je me torturais à deviner la cause.

Une chose me frappait surtout : plus j'avançais en âge plus elle s'éloignait de moi et sa dissimulation se trahissait par des impatiences nerveuses qui me faisaient souffrir. Il semblait à certains jours, à certains moments, qu'elle ne m'aimât plus du tout et que ma présence lui fût importune.

J'ai dit que j'avais moi-même commencé à m'éloigner d'elle ; dès que je l'eus fait je devins sombre et taciturne comme tous les hôtes de la maison. Voilà pourquoi tout ce que j'ai vécu pendant ces trois années, tout ce qui s'est développé en moi à la suite de mes rêves, de mes études, de mes espérances, de mes élans passionnés, tout cela je ne le confiais à personne.

Les souffrances d'Alexandra Michaïlowna me la

faisaient aimer chaque jour davantage et cependant nous ne nous rapprochâmes jamais complètement. Je ne puis maintenant me rappeler sans larmes combien elle m'aimait aussi et combien il lui avait fallu d'efforts pour continuer jusqu'à la fin le rôle de mère qu'elle s'était imposé pour la pauvre orpheline. Son propre malheur, il est vrai, l'emportait souvent bien loin de moi ; elle paraissait m'oublier d'autant plus que je ne me rappelais pas à son souvenir. Si bien que mes seize ans arrivèrent sans que personne y prît garde. Dans ses moments de conscience et de lucidité, Alexandra Michaïlowna s'inquiétait de moi tout à coup. Elle m'enlevait brusquement à mes leçons, à mes occupations, m'accablait de questions comme si elle eût voulu me confesser, ne me quittait plus pendant des journées, cherchant à deviner tous mes penchants, tous mes désirs. Mais elle s'était déjà très déshabituée de moi et, comme elle agissait souvent avec naïveté, je m'apercevais trop que cet empressement était devenu anormal et inconstant. Par exemple (et cela arriva vers ma seizième année,) fouillant un jour dans mes livres pour voir ce que je lisais, elle fut tout effrayée en s'apercevant que je n'étais pas sortie encore des lectures de l'enfance. Je devinai à quoi elle pensait et je l'observai attentivement. Pendant quinze jours elle m'interrogea, me sonda pour se rendre compte de mon degré de développement et de mes besoins intellectuels. Enfin elle se décida, et sur ma table parut IVANHOÉ, de Walter Scott, que j'avais lu depuis longtemps déjà et relu peut-être deux fois. D'abord, dans une attente craintive, elle suivit mes impressions ; on eût dit qu'elle les pesait ; comme si elle les eût redoutées. Il y eut enfin une détente dans nos relations. Nous nous retrouvâmes enthousiasmées l'une de l'autre, et j'en fus si heureuse, si heureuse que je n'eus plus la force de me cacher d'elle. A la fin de la lecture du roman elle était ravie de moi. Chacune de mes remarques lui avait paru juste, chacune de mes opinions, sensée. A son avis, j'étais trop avancée pour mon âge. Enchantée, elle se remit à surveiller mon éducation ; elle aurait voulu ne plus me quitter ; mais malheureusement ce n'était pas en son pouvoir. Une rechute de son mal nous sépara une fois encore ; puis suivit une crise de désespoir qui fit renaître sa défiance et peut-être endurcit son cœur.

Toutefois, même pendant cette période, nous eûmes quelques bons moments : les lectures, quelques mots affectueux, la musique nous rapprochaient encore et souvent nous faisaient oublier ; nous nous confessions l'une à l'autre, d'abondance de cœur, puis soudain nous nous sentions mutuellement refroidies après les plus intimes épanchements.

Un soir, un peu avant la nuit, je lisais distraitement dans le cabinet d'Alexandra Michaïlowna. Elle était au piano et improvisait sur un de ses thèmes italiens favoris. Quand elle en arriva à un motif mélodique que je connaissais, entraînée par le chant qui m'allait au cœur, je me mis timidement à le fredonner. Bientôt, enhardie, je me levai et je m'approchai du piano. Alexandra Michaïlowna, comme si elle m'eût devinée, cessa de jouer pour elle et s'appliqua, avec une affectueuse attention, à suivre chaque note que je donnais. Elle semblait frappée de l'étendue de ma voix. Jusque-là je n'avais jamais chanté devant elle et je ne savais même pas si j'avais ce qu'on appelle de la voix, si bien que je m'animai, je renforcis de plus en plus le son; mon énergie, ma passion étaient surexcitées par la surprise heureuse d'Alexandra Michaïlowna, surprise que je sentais dans la façon dont elle touchait chaque accord. Enfin j'achevai le morceau avec tant d'entrain et de vigueur qu'elle me saisit tout à coup le bras, et me regarda toute transportée.

— Annetta ! Mais tu as une voix merveilleuse ! s'écria-t-elle. Mon Dieu ! comment ne m'en suis-je pas encore aperçue ?

— Mais je viens de m'en apercevoir moi-même, fis-je tout heureuse.

— Remercie donc Dieu, mon enfant chérie et unique ! Remercie-le de ce don. Qui sait... Ah ! mon Dieu, mon Dieu !

Elle était si émue de cette découverte, et dans un tel emportement de joie qu'elle ne savait que me dire, ni comment me caresser. Ce fut un de ces moments presque enivrés d'entière franchise et d'ardente sympathie, comme nous n'en avions pas eu depuis longtemps. Cette grande joie prit même les proportions d'une sorte de fête. On envoya chercher Bouvarov. En attendant, nous ouvrîmes, au hasard, d'autre musique que je savais mieux, et je commençai à chanter un air. Cette fois la timidité me faisait trembler, je craignais de détruire, par un insuccès, la première impression que j'avais produite. Mais bientôt ma voix m'encouragea et me soutint. J'étais étonnée moi-même de sa force et de son étendue. Cette seconde expérience dissipa tous les doutes. Dans son exaltation et son impatience, Alexandra Michaïlowna envoya chercher ses enfants et aussi leurs bonnes ; elle alla même trouver son mari, et le fit sortir de son cabinet, chose dont en toute autre occasion elle n'eut pas osé concevoir la possibilité. Peter Alexandrowitch reçut la nouvelle avec bienveillance, me félicita, et déclara qu'il fallait me faire travailler. Alexandre Michaïlowna, pleine de reconnaissance, comme si son mari lui faisait un grand sacrifice, lui baisa les mains.

Bouvarov arriva enfin. Le vieil artiste se montra très heureux. Il m'aimait beaucoup. Il se souvenait de mon père, de mon passé ; quand j'eus chanté devant lui deux ou trois fois, il déclara d'un air sérieux, soucieux, mystérieux même, que j'étais admirablement douée et que j'avais déjà du talent ; à son avis il fallait me faire travailler. Puis tout aussitôt, s'imaginant sans doute qu'il pouvait être dangereux de me trop complimenter au début, tous deux semblèrent revenir sur ce qu'ils avaient dit ; ils se firent des signes d'intelligence et toute la conversation qui s'en suivit, dirigée contre mon amour-propre, fut singulièrement maladroite et naïve. Je riais sous cape de les voir, après chaque nouvelle mélodie, s'efforcer de dissimuler leurs impressions et trouver des remarques sur mes défauts qu'ils exagéraient de parti pris. Mais ils ne purent soutenir bien longtemps leur rôle. Bouvarov se trahit le premier, et son plaisir l'humanisa malgré lui. Je n'aurais jamais soupçonné qu'il m'aimât tant. Toute la soirée, la conversation demeura amicale et affectueuse. Bouvarov nous raconta plusieurs anecdotes sur des chanteurs et des acteurs célèbres ; ses récits avaient la véhémence particulière aux artistes lorsqu'ils parlent de maîtres vénérés

Après avoir rappelé le souvenir de mon père, on parla de moi, de mon enfance, du prince, de toute sa famille dont je n'avais eu aucune nouvelle depuis notre séparation ; Alexandra Michaïlowna non plus. Bouvarov étant allé plusieurs fois à Moscou, put nous donner des renseignements. Ici, la conversation prit un tour mystérieux, et deux ou trois circonstances qui touchaient le prince, restèrent pour moi lettre morte. La jeune femme questionna le grand musicien sur Katia, mais il se savait rien de l'enfant ou n'en voulut rien dire. Cela me surprit. Je n'avais pas oublié Katia, mon affection pour elle ne s'était pas affaiblie, et même je n'avais pas songé une seule fois qu'il eût pu se produire quelque changement chez la jeune fille. Je ne tenais compte ni de notre séparation, ni des longues années que nous avions vécues loin l'une de l'autre, sans échanger aucune nouvelle; ni de la différence de nos caractères et de nos éducations; je l'aimais comme autrefois. Dans mes rêves fantastiques, nous nous promenions ensemble bras dessus, bras dessous; je me figurais être l'héroïne de chacun de mes romans, et je plaçais toujours auprès de moi la petite princesse mon amie.

Le conseil de famille avait décidé qu'on me donnerait un professeur de chant. Le plus connu et le meilleur nous fut recommandé par Bouvarov. Le lendemain, l'Italien D..., se présenta, m'examina et se montra aussi enthousiasmé que l'illustre musicien. Après avoir réfléchi, il estima qu'il me serait plus profitable de prendre mes leçons chez lui avec ses autres élèves, parce que le sentiment d'émulation me ferait progresser plus rapidement et que je trouverais chez lui tout ce qui me serait nécessaire pour mes études. Alexandra Michaïlowna y consentit, et, trois fois par semaine, le matin, accompagnée d'une bonne, je me rendis au Conservatoire.

Vers la même époque survint un petit événement qui produisit sur moi une violente impression, et qui marqua mon entrée dans l'adolescence. —

J'avais à cette époque seize ans passés. Une indéfinissable apathie m'envahissait; c'était la réaction naturelle des élans fougueux qui avaient précédé cette période. J'étais constamment en proie à une sorte de calme angoissé tout à fait insupportable.

Mes illusions tombaient une à une, non pas précipitées par les circonstances, mais parce que je perdais la force d'exaltation capable de les soutenir. Une froide indifférence remplaçait mes anciens enthousiasmes d'enfant inexpérimentée. Mon art même, que j'aimais tant, à qui tout le monde avait fait si bon accueil, n'avait plus pour moi d'aussi puissants attraits. Rien ne m'intéressait plus, à tel point qu'Alexandra Michaïlowna elle-même m'inspirait de l'ennui, et j'en souffrais. Des désespoirs soudains, des crises de larmes rompaient parfois la monotonie de cet état intolérable. Je cherchais la solitude. En cet étrange moment, un hasard déchaîna dans mon âme une tempête et fit aboutir cette vague inquiétude en un véritable orage. Mon cœur fut bouleversé.

XXIII

Un jour j'entrai dans la bibliothèque (de ma vie je n'oublierai tous les détails de cette aventure); je pris un roman de Walter Scott : *Les Vœux de saint Ronan*, le seul ouvrage de cet auteur que je n'eusse pas encore lu. Je me rappelle que j'avais le cœur serré ; j'étais comme tourmentée d'un pressentiment.

La pièce était éclairée par les rayons obliques du soleil couchant, dont les ondes lumineuses coulaient à travers les hautes fenêtres et s'étalaient sur le parquet luisant. Le silence était complet. Pas une âme ne se trouvait dans les pièces voisines. Peter Alexandrowitch était sorti, et Alexandra Michaïlowna, malade, gardait le lit. Je me mis à pleurer, ne pouvant plus résister à mon agitation intérieure. Ayant ouvert la seconde partie du livre, je la feuilletais distraitement, essayant de donner un sens aux phrases qui me passaient sous les yeux. Il me semblait chercher une prédiction du sort, comme on le fait en ouvrant un livre au hasard. A certains moments, toutes les forces intellectuelles et morales se tendent morbidement comme si une vive lumière illuminait tout à coup la conscience, comme si quelque vision prophétique s'imposait à l'âme troublée ; elle souffre et languit dans l'attente d'une chose mystérieuse, animée d'une chaude espérance, elle se prend à aspirer à la vie.

J'étais dans cette disposition particulière.

Je fermais le livre exprès pour le rouvrir au hasard et y chercher mon horoscope ; et je lisais la page qui se présentait.

Mais voici qu'en feuilletant, je trouvai un papier couvert d'écriture, plié en quatre, et comprimé comme s'il avait été oublié là depuis plusieurs années. J'examinai curieusement ma trouvaille. C'était une lettre sans adresse, signée aux initiales S. O ; je l'ouvris. Les pages presque collées les unes aux autres, avaient laissé, sur les feuillets jaunis du volume, leur trace en blanc; le bord en était usé. On devinait que cette lettre avait été lue souvent et précieusement gardée; l'encre, décolorée, se bleuissait; — elle semblait dater de longtemps. Quelques mots attirèrent mon attention : Mon cœur battit violemment.

Je tournais avec embarras ce papier entre mes mains comme si j'hésitais à le lire. Je m'approchai de la fenêtre : Oui! des larmes avaient laissé leurs traces sur les mots à demi-effacés. De qui étaient ces larmes.

Anxieuse, je lus la moitié de la première page. Un cri d'étonnement m'échappa. Je refermai l'armoire, après avoir remis le volume, et en cachant la lettre sous mon fichu, je courus chez moi et je me mis à la relire. Mais mon cœur battait si fort que les caractères sautaient et fuyaient devant mes yeux. Longtemps, je n'y pus rien comprendre. Mais enfin je découvris le commencement du mystère, en apprenant à qui la lettre était adressée. Je savais que c'était un crime de lire ces lignes, mais la tentation était plus forte que ma volonté. La lettre avait été écrite à Alexandra Michaïlowna.

C'étaient quelques mots d'adieu, d'un adieu éternel. Après avoir lu cette lettre, je me sentis souffrir, comme si c'était moi-même qui venais de perdre tout, comme si l'on m'eût arraché pour toujours mes rêves et mes espérances, comme si rien ne me restait que la vie, dont je n'avais désormais plus besoin. Qui donc était l'auteur de cette lettre ? Quelle avait été l'existence de la jeune femme ? Ces lignes contenaient des faits et des allusions auxquelles on ne pouvait se tromper. Mais, en même temps, il s'y trouvait des problèmes au milieu desquels je me perdais. Je compris à peu près cependant. En outre le style suggérait beaucoup d'idées et révélait le caractère de cette liaison dont la rupture avait brisé deux cœurs. Enfin on lisait clairement à travers les lignes, les pensées et les sentiments de l'écrivain. Voici cette lettre, je la transcris mot pour mot :

« Tu ne m'oublieras pas ! Tu l'as dit ; je te crois ! Et voilà que depuis ce jour toute ma vie est dans ces paroles. Il nous faut nous séparer ; l'heure est venue ! Je le savais depuis longtemps, ma douce, ma triste beauté ! Mais c'est d'aujourd'hui seulement que je l'ai compris. Pendant tout *notre* temps, le temps où tu m'aimas, mon cœur se serrait et saignait en songeant à notre amour. Me croiras-tu ? Je me sens moins souffrir à présent !

Tout devait se terminer ainsi; c'était notre destinée, je le savais ! Alexandra ; nous n'étions pas *égaux*, je l'ai senti toujours, *toujours !* Je n'étais pas digne de toi ! Moi seul aurais dû supporter le châtiment de mon bonheur ! Dis : qu'étais-je pour toi, jusqu'au jour où tu m'as compris ? Mon Dieu ! voilà deux ans passés et je ne comprends pas encore aujourd'hui pourquoi tu m'as aimé ; pourquoi *toi*, tu m'as aimé, *moi !* Comment en sommes-nous arrivés à cette folie ? Te rappelles-tu ce que j'étais en comparaison de toi. Te valais-je ? Pouvais-je seulement t'être comparé ? Qu'est-ce qui m'a donc fait remarquer de toi puisque rien ne me distinguait des autres ? Avant que ton regard et ton sourire eussent illuminé ma vie, j'étais simple et vulgaire, j'avais l'air triste et morne ; je ne souhaitais pas une autre existence que la mienne ; cependant si chétive, je n'y pensais pas, et je ne voulais pas y penser. Tout m'opprimait et je me soumettais ; je considérais mon labeur quotidien comme la chose du monde la plus importante. Je ne pouvais avoir que ce seul souci : le lendemain ! et encore me laissait-il indifférent ! Auparavant, il y a bien longtemps, j'aspirais au bonheur et j'y rêvais comme un imbécile. Mais beaucoup de jours ont passé depuis et je me suis mis à vivre solitaire, grave, renfermé, ne sentant même pas le froid qui glaçait mon cœur engourdi.

« Je savais, et je m'y étais résigné, qu'un meilleur soleil ne se lèverait jamais pour moi.

« J'en étais convaincu d'avance et ne m'en lamentais pas ; *car il en devait être ainsi.* Quand tu m'apparus, je ne soupçonnai pas que j'oserais jamais lever les yeux vers toi. J'étais devant toi comme un esclave. Mon cœur pourtant ne tremblait pas, ne languissait pas, ne te pressentait pas ; il dormait encore. Bien que mon âme trouvât la sérénité auprès de sa radieuse sœur, elle ne devinait pas la tienne.

« Et quand j'appris tout, tu te le rappelles ? — après cette soirée, après ces paroles qui me bouleversèrent, je fus perdu ! anéanti, tout se confondit en moi, et le croirais-tu ? au lieu d'être transporté, j'avais si peu confiance en moi, que je ne compris pas ! Je ne t'ai jamais dit cela.

« Si j'avais pu, si j'avais osé, je te l'aurais avoué depuis longtemps. Mais je me suis tu. Aujourd'hui je te dis tout pour que tu ne rougisses pas de mon souvenir, pour que tu saches de quel homme tu te sépares. — Sais-tu comment je t'ai vue tout d'abord ? La passion m'avait envahi comme une flamme ; elle était entrée dans mon sang comme un poison ;

elle avait confondu tous mes sentiments et toutes mes pensées ; j'étais enivré et je répondais à ton pur amour de *pitié* non comme un égal à un égal, non comme un être méritant ton amour, mais par un désir effréné et sans conscience. Je ne t'avais pas comprise. Je te répondais comme à une femme *tombée jusqu'à moi*, non comme à la femme qui voulait m'élever jusqu'à elle. Sais-tu de quoi je te soupçonnais ! Sais-tu ce que veut dire ce : *tombée jusqu'à moi ?* Non ! je ne t'offenserai pas en te l'expliquant. Je te dirais seulement que tu t'es trompée sur mon compte ! Jamais, jamais, je n'aurais pu m'élever jusqu'à toi ! Je pouvais te contempler de loin, avec une adoration infinie, lorsque j'eus pénétré tes nobles sentiments, mais ce sacrifice n'eût pas encore effacé mes torts envers toi. Ma passion élevée par toi n'était pas un amour véritable. L'amour, je le craignais. Je n'eusse pas osé t'aimer. Dans l'amour il y a mutualité, égalité, et je n'étais pas digne....... Et j'ignorais ce que j'éprouvais. Oh ! comment te dire cela pour que tu me comprennes !... Oh ! si tu te rappelles, ma première agitation étant calmée, ma situation élucidée, quand il ne demeura plus en moi qu'un sentiment pur, quels furent mon étonnement, ma confusion, ma crainte. Tu te rappelleras aussi que je me suis jeté tout en pleurs à tes pieds et que tu m'as demandé avec effroi la raison de ce grand désespoir... ne pouvant te répondre, j'ai gardé le silence. Mais mon âme se déchirait, mon bonheur m'écrasait ainsi qu'un lourd fardeau; et mes sanglots criaient en moi : Comment ai-je mérité cette joie. Oh! ma sœur, ma sœur! Que de fois — tu l'ignoras toujours — que de fois j'ai baisé furtivement ta robe, furtivement car j'étais convaincu de mon indignité. La respiration me manquait; mon cœur battait lentement et fortement comme s'il voulait s'arrêter, mourir dans ma poitrine en feu. Lorsque je prenais ta main, je pâlissais et je tremblais. La pureté de ton âme m'embarrassait. Oh! je ne puis te raconter tout, tout ce qui s'est amoncelé en moi, et je voudrais tant te le dire. Sais-tu que ta tendresse et ta pitié m'ont été quelquefois douloureuses? Quand tu m'as embrassé (cela n'est arrivé qu'une fois, et je m'en souviendrai pour l'éternité), un brouillard a passé devant mes yeux et j'ai senti se fondre mon âme. Pourquoi ne suis-je pas mort à tes pieds en cet instant? Je te dis *tu*, pour la première fois, bien que tu me l'aies permis depuis longtemps. Comprendras-tu ce que je veux dire? Je veux te dire tout! Je te dirai que tu m'as aimé beaucoup, que tu m'as aimé comme une sœur aime son frère, que tu m'as aimé comme ta création propre, car tu avais ressuscité mon cœur, réveillé mon esprit, versé dans tout mon être un baume d'espérance. Mais je ne pouvais pas alors te parler ainsi, je ne l'osais pas ! Je ne t'ai pas appelée ma sœur parce que jusqu'à présent, je n'étais pas ton frère. Nous n'étions pas égaux. Tu t'étais trompée sur mon compte !

« Tu le vois, même à cette heure, à cette heure terrible, je ne m'occupe encore que de moi seul, bien que tu penses à moi et que tu te tourmentes pour moi. Oh! ne t'inquiète pas, ma chère amie! Si tu savais comme je me sens abaissé à mes propres yeux!

« Et cette découverte, quel bruit elle a fait! — On te repoussera à cause de moi, on te méprisera, on se rira de toi, car je suis bas aux yeux du monde. Oh! que je suis coupable d'avoir été indigne de toi. Si, au moins, j'avais montré quelque valeur, si je m'étais fait estimer, on t'aurait pardonné! Mais je suis bas, nul, ridicule, et après le ridicule il n'y a plus rien! Et pourquoi tant de scandale? Ils se sont mis à crier et je me suis découragé. J'ai toujours été faible! Sais-tu ma situation en ce moment? Je me raille moi-même, je crois qu'ils disent la vérité, que je suis ridicule, et je me hais ! Oui, je hais mon visage, mon être entier, mes habitudes, mes façons vulgaires; et je les ai toujours haïs ! Oh ! pardonne-moi mon grossier désespoir, tu m'as enseigné toi-même à tout te dire ? Je t'ai perdue ! J'ai attiré sur ta tête l'animosité et l'hilarité générales, car j'étais indigne de toi ! Et voilà que cette pensée me torture; elle frappe, elle déchire, elle meurtrit mon cœur. Tu n'as pas aimé, me semble-t-il, l'homme qui était réellement en moi, tu t'es trompée ! — Voilà ce dont je souffre. Voilà ce qui me poursuivra jusqu'à la mort, ou jusqu'à la folie !

« Donc adieu ! adieu ! A présent que tout est découvert, que le monde a fait entendre ses clameurs et ses commérages (je les connais), à présent que je me suis abaissé à mes propres yeux, honteux de moi, honteux même pour toi du choix que tu avait fait, à présent que je me suis maudit, il me faut fuir, sous l'anathème, pour ton repos, pour ta tranquillité....., On l'exige et tu ne me reverras jamais ! Il le faut. J'avais été trop heureux; mon destin s'était égaré; il répare son erreur en me reprenant ce qu'il m'avait donné ! Nous nous sommes rapprochés après nous être compris, et voilà que nous nous séparons encore... Mais nous retrouverrons-nous jamais ? Où et quand ? — Oh ! dis, Mienne ! où nous rencontrerons-nous ? où te reverrai-je ? — Et comment te reconnaîtrai-je ? Me reconnaîtras-tu, toi-même ? Toute mon âme est pleine de toi. Oh ! pourquoi ! pourquoi ce malheur sur nous ? Pourquoi nous séparons-nous ? Explique-le moi, je ne le comprends pas, je ne le comprendrai jamais, je ne puis pas le comprendre ! Le crois-tu, toi, qu'on puisse faire d'une vie deux existences ; s'arracher le cœur de la poitrine sans mourir !... Oh ! quand je songe que je ne te verrai plus jamais, jamais, jamais !.....

« Mon Dieu ! quels cris le monde a poussés. Comme j'ai peur maintenant pour toi !..... J'ai rencontré ton mari. Nous sommes tous les deux indignes de lui, bien que nous ne soyons pas coupables. Il sait tout et depuis longtemps. — Il s'est mis héroïquement de ton côté ; il te sauvera, il te défendra contre les jugements et contre les clameurs de la foule. Il t'aime, il t'estime, il est ton sauveur, tandis que moi, je fuis !

« Je me suis précipité vers lui ; je voulais lui baiser la main..... Il m'a dit de partir aussitôt. C'est décidé ! On assure qu'il s'est brouillé avec tout le monde à cause de toi !

« Tout le monde le blâme. On lui reproche sa faiblesse et sa connivence. Mon Dieu! que dit-on encore! Ils ignorent, ils ne peuvent pas savoir, ils sont *incapables de comprendre*. Pardonne-leur, pardonne-leur, ma Pauvre, comme je leur pardonne. Et ils m'ont pris plus qu'à toi!

« Je ne sais ce que je t'écris. De quoi t'ai-je parlé hier, lors de notre dernier adieu? J'ai déjà tout oublié. J'étais hors de moi. Toi, tu pleurais.... Pardonne-moi ces larmes, pardonne-moi ces larmes, je suis si faible, si lâche!

« Je voulais te dire quelque chose encore... Oh! encore une fois seulement baigner tes mains de mes larmes, comme j'en arrose cette lettre. Encore une fois me mettre à tes pieds!.... S'*Ils* savaient combien était pur ton sentiment. Mais ils sont aveugles.

« Leur cœur est orgueilleux et hautain.

« Ils ne verraient pas et ne comprendraient pas.

« Ils ne te croiraient pas innocente, même si tout ce qui vit sur la terre jurait que tu n'es pas coupable. Et puis, est-ce leur affaire de comprendre? Mais qui osera te jeter la pierre? Quelle sera la main qui se lèvera la première sur toi? Oh! ils ne seront pas embarrassés, pour ramasser des milliers de pierres et ils oseront les jeter, car ils savent comment il faut le faire! Ils t'exécuteront tous ensemble; ils assureront en même temps qu'ils sont sans péchés et, pieusement, prendront le nôtre à leur compte ! Oh ! s'ils savaient ce qu'ils font !

« Si nous pouvions leur dire tout, sans rien cacher, pour qu'ils voient, qu'ils entendent, qu'ils comprennent et qu'ils se convainquent de notre sincérité.

« Mais non ! ils ne sont pas si méchants !.... Je suis en ce moment désespéré, et je les calomnie peut-être ! Je t'effraye de mes terreurs ! Ne crains rien, ne crains rien, Mienne ! On te comprendra. On t'a comprise déjà..... ton mari..... espère !

Adieu ! Adieu ! *Je ne te remercie pas !* Adieu pour toujours !

« S. O. »

Je demeurai étourdie, sans comprendre ce qui se passait en moi. Une terreur m'écrasait. La réalité venait de me surprendre comme un coup de foudre au milieu de l'existence rêveuse que je menais depuis trois ans. Le mystère que j'avais entre les mains m'enchaînait pour toute la vie. Comment ? Je ne pouvais me l'expliquer encore ; mais je sentais qu'en ce moment une nouvelle existence commençait pour moi. Dès ce jour j'entrais dans un monde que mon entourage m'avait soigneusement dissimulé, caché... Quel trouble allais-je apporter dans la vie de nos bienfaiteurs, moi, étrangère, à qui personne ne demandait rien ? A quoi me mènerait le hasard qui m'avait livré ce secret ? Que savais-je ? Peut-être mon nouveau rôle allait-il devenir insupportable à eux comme à moi. Il m'était impossible de me taire et d'enfermer pour toujours dans mon cœur ce que je venais de découvrir. Mais comment le dirais-je, que deviendrais-je après l'avoir dit ? Qu'avais appris enfin ? Des milliers de question encore confuses, surgissaient devant moi et me serraient le cœur douloureusement ? J'étais éperdue.

Puis d'autres impressions me venaient que je n'avais jamais ressenties. Il me semblait que je subissais une transformation. Que mes anciennes angoisses avaient disparu et étaient remplacées par un je ne sais quoi dont je ne pouvais me réjouir, ni me chagriner. Ma situation présente semblait celle d'une personne quittant à jamais une maison où elle a mené une vie calme et tranquille : elle va s'éloigner, et, avant de partir, adresse un long adieu à tout son passé, tandis qu'un sentiment triste l'étreint devant un avenir inconnu, aride et périlleux peut-être.

Enfin des sanglots me secouèrent et j'eus une crise

de nerfs. J'éprouvais le besoin de voir, d'entendre quelqu'un, de l'embrasser bien fort. Je ne pouvais plus, je ne voulais plus rester seule. Je me précipitai chez Alexandra Michaïlowna et restai toute la soirée avec elle. Nous étions seules. Je lui demandai de ne pas jouer de piano et je refusai de chanter malgré toutes ses instances. Tout me semblait tout à coup devenu pénible. Je ne pouvais fixer mon attention sur rien. Je crois que nous avons pleuré ensemble. Mais je me rappelle seulement lui avoir fait peur. Elle essaya de me tranquilliser. Elle m'observait avec crainte, m'assurait que j'étais malade et que je ne m'occupais pas assez de ma santé ! Enfin je la quittai, lasse et tourmentée. Je me mis au lit, avec la fièvre.

Plusieurs jours se passèrent sans que je retrouvasse mon calme et sans que je me rendisse compte de ma situation. A cette époque, nous vivions, Alexandra Michaïlowna et moi, dans une solitude complète. Peter Alexandrowitch avait quitté Saint-Pétersbourg et devait rester trois semaines à Moscou pour ses affaires. Bien que cette séparation fût de courte durée, la jeune femme s'en attristait beaucoup. Dans les moments où elle était moins tourmentée elle s'enfermait seule; sans doute je lui étais importune. Je recherchais aussi la solitude. Ma tête travaillait, dans une tension malsaine, pendant que je restais inerte, en proie à une sorte de torpeur. Parfois des heures se passaient en de longues et inquiètes méditations. Je rêvais que quelqu'un m'observait ironiquement, que quelque chose en moi espionnait toutes mes pensées et me blâmait. Je ne pouvais me défaire d'obsessions qui me torturaient sans relâche. Je me faisais une idée horrible de cette interminable vie de souffrance et de sacrifice qu'avait acceptée avec tant de résignation Alexandra Michaïlowna, et qu'elle avait si peu méritée. Il me semblait que l'être auquel elle s'était dévouée la méprisait et se moquait d'elle. Il me semblait que le criminel pardonnait au juste et mon cœur en saignait ! J'aurais voulu m'affranchir de ces soupçons. J'anathémisais l'inconnu de la lutte et je me détestais d'éprouver un pareil sentiment à l'égard d'un homme que je ne devais pas juger sur une petite preuve.

J'analysais ces phrases, ces derniers cris de suprême adieu. Je me représentais cet homme. — *Cet être inférieur* — et j'essayais de deviner le sens inquiétant de ces mots : « Je ne suis pas votre égal ! » — et ceux-ci surtout me surprenaient « Je suis ridicule et j'ai honte moi-même du choix que tu as fait ! » Qu'est-ce que cela signifiait donc ?

Quelles étaient les personnes auxquelles il faisait allusion ? De quoi se désolait-il là ? Que perdaient-ils, elle et lui ? — Et, faisant un violent effort, je me mis à relire cette lettre qui me bouleversait l'âme, mais dont le sens intime était si étrange et si énigmatique pour moi. La lettre me tomba des mains et je restai dans une agitation fébrile...

... Tout cela devait se dénouer certainement d'une façon ou d'une autre, mais quand j'entrevoyais une issue, elle m'apparaissait redoutable.

J'étais presque malade, lorsque j'entendis un jour rentrer l'équipage de Peter Alexandrowitch, qui revenait de Moscou. Alexandra Michaïlowna s'élança à la rencontre de son mari avec un cri joyeux. Moi, je restai clouée à ma place. Je me rappelle avoir été désagréablement surprise de ma soudaine agitation. N'y pouvant tenir, je m'enfuis dans ma chambre. Je ne comprenais pas cette peur subite, mais j'avais peur. Un quart d'heure plus tard, on m'appelait pour me remettre une lettre du prince.

Dans le salon, je rencontrai un inconnu qui était arrivé de Moscou avec Peter Alexandrowitch, et après quelques mots, je sus que le nouveau venu avait l'intention de rester à la maison un certain temps. C'était un homme de confiance envoyé par le prince à Saint-Pétersbourg pour régler quelques affaires de famille importantes, dont Peter Alexandrowitch s'était déjà beaucoup occupé.

En me remettant la lettre du prince, cet homme ajouta que la jeune princesse avait voulu m'écrire, elle aussi. Elle avait affirmé jusqu'au dernier moment que sa lettre serait prête sans faute, à l'heure fixée. Mais elle avait laissé partir l'équipage en disant qu'elle n'avait rien à dire, qu'on ne pouvait s'exprimer suffisamment dans une lettre, qu'elle avait gribouillé cinq feuilles de papier et les avait ensuite déchirées, et qu'ensuite il fallait redevenir amies pour entretenir une correspondance régulière. La jeune princesse avait encore chargé le messager de m'annoncer sa prochaine visite. Je l'attendis longtemps... et ne la revis jamais.

A mes impatientes questions, l'envoyé me répondit qu'effectivement toute la famille allait arriver à Saint-Pétersbourg. A cette nouvelle, je ne sus que devenir; j'étouffais de joie. Je me hâtai de rentrer dans ma chambre, de m'y enfermer, et, tout en larmes, j'ouvris la lettre du prince. Il me promettait une entrevue prochaine et me félicitait, avec une grande bonté, de mon nouveau talent. Il bénissait mes futurs succès, tout en s'engageant à me les faciliter. Mes larmes redoublèrent à la lecture de cette excellente lettre, et en même temps je me sentis envahie par une poignante tristesse. Pourquoi ? Je n'en savais rien et m'en effrayais comme d'un funeste pressentiment.

Plusieurs jours s'écoulèrent. Dans la chambre voisine de la mienne, où habitait le secrétaire de Peter Alexandrowitch, travaillait maintenant le matin et quelquefois le soir jusqu'après minuit, le nouvel arrivé. Souvent il s'enfermait avec Peter Alexandrowitch dans son cabinet et là ils s'entretenaient longtemps ensemble.

Un jour, après dîner, Alexandra Michaïlowna m'envoya auprès de son mari pour lui demander s'il voulait prendre du thé avec nous. — Ne trouvant personne dans le cabinet et supposant que Peter Alexandrowitch allait bientôt arriver, je m'assis en l'attendant. Le portrait du maître de la maison était suspendu contre le mur. Je tressaillis tout à coup en apercevant ce portrait, et dans un trouble incompréhensible, je mis à le regarder fixement. Il était placé assez haut, près du plafond. La pièce, en outre, était si obscure, que pour le voir mieux, j'approchai un siège sur lequel je montai. — Je voulais y trouver quelque chose, comme une solution de mes doutes. Je me rappelle que les yeux du portrait me frappèrent tout d'abord. L'idée me vint inopinément que les yeux de Peter Alexandrowitch, étant toujours cachés derrière des lunettes, je ne les avais jamais vus.

Ce regard voilé m'avait toujours été antipathique et insupportable, c'était comme une prévention qui se justifiait dans ce moment. Mon imagination était surexcitée outre mesure.

Il me sembla tout à coup que ses yeux se détournaient des miens et cherchaient à les éviter ; ils se dérobaient pour ne point laisser pénétrer leur mensonge et leur fausseté. Je crus avoir deviné quelque chose. Une joie secrète m'inonda. Un faible cri s'échappa de ma poitrine. Au même instant, j'entendis un frôlement derrière moi. Je me retournai et me trouvai en face de Peter Alexandrowitch qui me regardait attentivement. Il me sembla qu'il rougissait. Mon visage devint pourpre et je sautai sur le parquet.

— Que faites-vous ici ? me demanda-t-il sévèrement. Pourquoi êtes-vous ici ?

Je ne sus que répondre. Me remettant un peu, je lui transmis péniblement l'invitation d'Alexandra Michaïlowna. Je ne me rappelle pas ce qu'il me répondit, ni comment je sortis du cabinet. Mais en arrivant auprès d'Alexandra Michaïlowna, j'avais complètement oublié la réponse de son mari, et je déclarai, au hasard, qu'il allait venir.

— Mais qu'as-tu donc, Netotchka? demanda-t-elle, tu es toute rouge ! Regarde-toi ! Qu'as-tu ?

— Je ne sais pas... j'ai marché vite... répondis-je.

— Mais que t'as dit Peter Alexandrowitch? continua-t-elle visiblement embarrassée.

Je gardai le silence.

En ce moment, on entendit le pas de Peter Alexandrowitch et je quittai aussitôt la chambre. J'attendis deux heures, en poie à une profonde angoisse. On vint enfin me dire qu'Alexandra Michaïlowna me demandait. Je la trouvai silencieuse, l'air inquiet. — A mon entrée, elle me regarda vivement et fixement, mais elle abaissa aussitôt ses paupières. Elle semblait confuse. Je m'aperçus qu'elle se trouvait dans une mauvaise disposition d'esprit; elle parla peu, elle évita de me regarder, et pour éviter de répondre aux questions pressantes de Bouvarov, elle se plaignit de maux de tête. Peter Alexandrowitch causait avec animation, mais uniquement avec Bouvarov. Alexandra Michaïlowna s'approcha distraitement du piano.

— Chantez-nous quelque chose! me demanda le grand musicien.

— Oui ! Annetta ! Chante-nous ton nouvel air ! appuya Alexandra Michaïlowna, heureuse de saisir l'occasion.

Je la regardai : elle me fixait avec son air d'attente anxieuse.

Je ne pus me décider ; au lieu de m'approcher du piano, de chanter, même, n'importe comment, je demeurai sans bouger, embarrassée de ma personne et je refusai net.

— Pourquoi ne veux-tu pas chanter? me demanda Alexandra Michaïlowna en nous regardant alternativement, son mari et moi.

Ces regards poussèrent à bout ma patience. Je me levai de table, très agitée mais cette fois sans le cacher, et toute tremblante, je répétai avec emportement que je ne voulais pas, que je ne pouvais pas, que j'étais souffrante ! En parlant ainsi j'examinai curieusement et d'un air de défi tous ceux qui m'entouraient. Mais Dieu sait combien j'aurais donné pour être seule dans ma chambre en ce moment !

Bouvarov parut étonné. Alexandra Michaïlowna, visiblement contrariée, garda le silence. Peter Alexandrowitch se leva tout à coup de sa chaise ; prétextant qu'il avait quelque affaire, et mécontent d'avoir perdu son temps, il se retira très vite en disant qu'il reviendrait peut-être. Il serra pourtant la main à Bouvarov, en signe d'adieu, à tout hasard.

— Mais qu'avez-vous enfin ? me demanda Bouvarov. Vous paraissez vraiment malade.

— Oui, je suis souffrante, très souffrante ! répondis-je avec brusquerie.

— Effectivement, tu es pâle. Et tout à l'heure tu étais très rouge !... remarqua Alexandra Michaïlowna sans achever.

— Voyons ! dis-je en la regardant directement dans les yeux.

La pauvre femme ne put supporter mon regard ; elle baissa les yeux comme une coupable et une légère rougeur teinta ses joues pâles. — Je lui pris la main et l'embrassai. Elle en parut toute joyeuse.

— Pardonnez-moi d'avoir été aujourd'hui une enfant méchante, m'écriai-je alors profondément émue. — Mais, ma parole, je suis malade. Permettez-moi de me retirer...

— Nous sommes tous des enfants ! déclara-t-elle avec un sourire timide. Oui ! je suis aussi une enfant, pire, bien pire que toi, ajouta-t-elle à voix basse à mon oreille. Adieu ! porte-toi bien ! Seulement, je t'en prie, ne te fâche pas contre moi.

— Pourquoi? demandai-je étonnée de cet aveu naïf qui lui échappait.

— Pourquoi? répéta-t-elle embarrassée et craintive. Pourquoi? Eh bien, vois comme je suis, Netotchka! Qu'ai-je dit?... Adieu! tu es plus sage que moi... Tu es plus intelligente que moi... Moi je suis pire qu'un enfant.

— Ah bien, assez! m'écriai-je avec émotion, je ne sais plus que dire.

Je l'embrassai encore une fois et sortis du salon à la hâte.

J'étais à la fois très irritée et très triste. Je m'en voulais à moi-même d'être si impatiente et de savoir si peu me dominer, je m'endormis enfin mécontente de moi-même et remplie d'inquiétude.

A mon réveil, le lendemain matin, la soirée de la veille m'apparut comme un mirage; nous nous étions mystifiées l'une l'autre, nous avions bâti une histoire sur un rien. Tout cela devait être mis sur le compte de notre inexpérience à analyser nos impressions intérieures. Je sentais que cette lettre m'occupait, qu'elle surexcitait mon imagination et je résolus de n'y plus penser désormais. En présence d'une solution d'ailleurs si facile, et convaincue que je tiendrais aisément la promesse que je m'étais faite, je partis pour ma leçon très bien disposée. L'air du matin rafraîchissait mes idées. J'adorais cette promenade matinale. Vers les neuf heures la ville commençait à s'animer et à prendre sa physionomie journalière. D'habitude nous traversions les ruelles plus populeuses et les plus bruyantes. Le décor, où commençait ma vie artistique, m'enchantait. Parmi les passants aux visages soucieux et sévères, j'allais, un cahier sous le bras, la vieille Natalia à mes côtés, et me demandant quelles pouvaient bien être les réflexions de ma compagne; — Enfin j'arrivais chez mon professeur : il était moitié italien, moitié français ; on ne savait pas au juste sa nationalité. Quelquefois il se montrait enthousiaste, mais le plus souvent pédant et cupide. Tout me distrayait et me portait à rire ou à réfléchir. — Bien que timide, la vie d'artiste me plaisait. Le contraste de la vie quotidienne, pleine de menus soins, et l'art auquel je me destinais, me plaisaient, m'enchantaient même.

Avec l'espoir passionné de réussir, je bâtissais des châteaux en Espagne ; je me découpais un avenir magnifique, et souvent, en revenant de la leçon, j'étais toute enflammée par mes fantaisies. En un mot j'étais presque heureuse.

Ce matin-là je me trouvais précisément dans

cette disposition d'esprit, en rentrant à la maison vers dix heures. J'avais tout oublié en rêvant à de magnifiques projets. Tout à coup, en montant l'escalier, je tressaillis comme si quelque chose m'avait brûlé. J'entendais la voix de Peter Alexandrowitch qui descendait. La sensation désagréable qui m'envahit fut si forte, le souvenir de la soirée précédente me revint si vivement que je ne pus cacher mon embarras. Je le saluai d'un léger signe de tête, mais mon visage était sans doute expressif; il s'arrêta devant moi, étonné. En voyant ce mouvement, je rougis et je montai à la hâte. Il murmura quelque chose que je n'entendis pas, et continua son chemin.

Je ne pouvais comprendre ce que j'éprouvais. Des pleurs de dépit emplissaient à chaque instant mes yeux. Je sentais que je haïssais le mari d'Alexandra Michaïlowna, mais en même temps je désespérais de moi-même. Cette perpétuelle agitation me rendait sérieusement malade. Je n'étais plus maîtresse de moi. J'étais irritée contre tout le monde. Je m'enfermai dans ma chambre.

Alexandra Michaïlowna vint me voir. Elle faillit jeter un cri d'effroi dès que je fus devant elle. J'étais si pâle que ma figure reflétée dans la glace m'épouvantait moi-même. Alexandra Michaïlowna passa une heure à me soigner comme son enfant.

Mais ses soins m'attristaient, ses caresses m'étaient pénibles : je la priai bientôt de me laisser seule. Elle sortit très étonnée. Enfin mon chagrin se dissipa après un torrent de larmes. Le soir je me trouvais mieux.

Je me trouvais mieux parce que j'avais pris la résolution de me rendre chez Alexandra Michaïlowna, de me jeter à ses pieds, de lui rendre la lettre perdue, et de lui avouer tout : mes tortures, mes doutes; je voulais l'étreindre avec une passion infinie, la pauvre martyre, lui répéter que j'étais son enfant, son amie, que mon cœur s'ouvrait devant elle, qu'elle devait y regarder et voir tout ce qu'il contenait pour elle d'amour ardent et inébranlable. Mon Dieu ! je savais, je sentais que j'étais le seul être en qui elle pût épancher son cœur. Je comprenais son chagrin; mais mon cœur se gonflait d'indignation à la pensée qu'elle allait peut-être rougir devant moi... Ma pauvre....... Ma pauvre....... serais-tu donc une pécheresse !......

Voilà ce que je voulais lui dire en pleurant à ses pieds. Un immense besoin de justice me possédait et une sorte de délire guidait mes résolutions.

Un hasard inattendu empêcha cette explication. Voici ce qui arriva :

Comme je me rendais chez Alexandra Mikaïlowna, je rencontrai Peter Alexandrowitch, il passa devant moi sans me remarquer. Il se rendait chez sa femme. Je m'arrêtai, clouée sur le sol. C'était le dernier que j'eusse pensé rencontrer dans un pareil moment. J'allais me retirer; la curiosité me retint.

Il s'arrêta un moment devant la glace, arrangea ses cheveux, et, à mon grand étonnement, je l'entendis fredonner une chanson. Au même instant un souvenir obscur de mon enfance me revint.

Pour comprendre l'étrange sensation que je ressentis, il me faut raconter ce souvenir.

La première année de mon séjour dans cette maison, un petit événement m'avait fait une profonde impression. Et justement cet événement se reproduisait dans les mêmes circonstances.

J'ai dit déjà que l'air soucieux et morne de Péter Alexandrowitch m'avait péniblement frappé à première vue et toujours. Combien je souffrais durant les heures passées à la table de thé d'Alexandra Michaïlowna ! et quel chagrin j'avais éprouvé d'être témoin à plusieurs reprises de scènes très fréquentes entre les deux époux. Je me rappelai qu'il m'était arrivé une fois déjà de le rencontrer, comme aujourd'hui, dans la même chambre, à la même heure. Nous nous rendions tous deux chez Alexandra Michaïlowna. Je m'étais sentie prise de timidité à sa vue et m'étais cachée dans un coin, comme une coupable. De même qu'aujourd'hui, il s'était arrêté devant la glace, et une sensation indéfinissable m'avait fait tressaillir.

Il m'avait semblé qu'il changeait de visage ; du moins je lui avais vu un sourire au moment où il s'était approché du miroir. Je ne lui connaissais pas ce sourire, car il ne se déridait jamais devant sa femme. Sa figure s'était transformée brusquement dès qu'il avait vu son visage dans la glace. Le sourire avait fait place, comme sur commande, à un air chagrin qui reparaissait invinciblement et naturellement. Les lèvres avaient changé de couleur. Il avait froncé les sourcils, il était redevenu l'homme si désagréable de tous les jours. Enfin, après une rapide inspection de sa personne, il avait baissé la tête d'un air accablé.

Sa taille s'était voûtée. Après cette seconde transformation, il s'était avancé sur la pointe des pieds vers la chambre de sa femme.

Aujourd'hui comme cet autre jour déjà loin, il

s'était cru seul en s'arrêtant devant le même miroir. Lorsque je l'entendis fredonner (lui, chanter!) je restai stupéfaite, le cœur percé d'un trait. Mes nerfs s'ébranlèrent et j'éclatai d'un tel rire que le malheureux chanteur poussa un cri, se recula vivement et, tout pâle, semblable à un criminel pris en flagrant délit, il me regarda d'un air égaré et plein de colère. Ce regard me fit perdre la tête. Je continuai à rire nerveusement. Je passai ainsi devant lui, et j'entrai tranquillement chez sa femme. Il resta derrière la portière, hésitant. J'aurais parié qu'il ne franchirait pas le seuil. Il n'entra pas en effet.

En me voyant entrer, Alexandra Michaïlowna me regarda longuement d'un air de profonde stupéfaction, et elle me demanda ce qui m'était arrivé. Je ne sus que répondre. Elle comprit enfin que j'étais souffrante, et m'examina avec inquiétude.

Moi, je saisis ses mains et les couvris de baisers. Je compris à ce moment tout le mal qu'auraient fait mes aveux heureusement empêchés par ma rencontre avec son mari.

Peter Alexandrowitch entra.

Je le regardai. Il était grave et morne comme toujours, et semblait ne plus se souvenir de ce qui venait de se passer. Mais à sa pâleur, à un léger frémissement de ses lèvres, je reconnus qu'il avait de la peine à dissimuler son trouble.

Il salua sa femme en silence et d'un air froid, puis il s'assit. Quand il tendit la main pour prendre sa tasse de thé, je vis qu'elle tremblait. J'attendais une explosion.

J'eus l'idée de sortir, mais je ne pus m'y décider, en remarquant la pâleur et la frayeur d'Alexandra Michaïlowna. Elle s'attendait évidemment à quelque chose d'anormal et de terrible. Enfin, l'orage que j'attendais éclata.

Au milieu d'un profond silence, mes yeux rencontrèrent par hasard les lunettes de Peter Alexandrowitch fixées sur moi. Je tressaillis et baissai la tête. Alexandra Michaïlowna remarqua mon étonnement.

— Qu'avez-vous? pourquoi rougissez-vous? fit Peter Alexandrowitch d'un ton bref et brutal.

Je gardai le silence ; mon cœur battait si fort que je ne pouvais prononcer un mot.

— Pourquoi a-t-elle rougi? pourquoi rougit-elle toujours? continua-t-il en s'adressant à sa femme et en me désignant d'un regard insolent.

L'indignation me prit à la gorge. Je jetai un regard suppliant à Alexandra Michaïlowna, ses joues pâles s'enflammèrent.

— Annetta, me dit-elle d'une voix ferme, va-t-en dans la chambre. Je t'y rejoindrai dans un moment. Nous passerons la soirée ensemble...

— Je vous demande... m'avez-vous compris ou non ! s'écria Peter Alexandrowitch, comme s'il n'avait pas entendu sa femme. Pourquoi vous rougissez quand vous me rencontrez ? Répondez !

— Parce que vous la forcez à rougir et moi aussi... repartit Alexandra Michaïlowna d'une voix entrecoupée par l'émotion.

Je regardai avec étonnement Alexandra Michaïlowna. Je ne compris pas la vivacité de sa réponse.

— C'est *moi* qui vous fais rougir ? C'est *moi* ?... s'écria Peter Alexandrowitch, stupéfait et appuyant avec force sur le mot : *Moi*. C'est à cause de *moi* que *vous* rougissez ? Est-ce que je puis, *moi*, vous faire rougir ? C'est à *vous* et non à *moi* de rougir, qu'en pensez-vous ?

Cette phrase était si claire pour moi ! Elle avait été accompagnée d'un sourire si ironique et dite d'un ton si rude, que je jetai un cri et me précipitai vers Alexandra Michaïlowna.

L'étonnement, la stupéfaction, le reproche, la

terreur, se peignirent alternativement sur le visage mortellement pâle de la pauvre femme. Je regardai Peter Alexandrowitch en joignant les mains d'un air suppliant. Il sembla comprendre qu'il était allé un peu loin. Mais la rage qui lui avait dicté cette phrase n'était pas encore calmée. Pourtant, ma prière silencieuse le rendit confus.

Mon geste lui disait clairement que je n'ignorais pas le sens de ses paroles.

— Annetta ! rentrez chez vous, fit Alexandra Michaïlowna d'une voix faible mais assurée. J'ai grand besoin d'être seule avec Peter Alexandrowitch.

Elle semblait calme, mais je redoutais plus cette tranquillité apparente qu'une violente agitation. Je fis semblant de ne pas entendre et je restai à ma place.

Je m'efforçai de lire sur le visage de la pauvre femme ce qui se passait en elle. Il me sembla qu'elle n'avait compris ni mon exclamation, ni mon mouvement.

— Voilà ce que vous avez fait, mademoiselle ! dit Peter Alexandrowitch en me prenant les mains et en désignant sa femme.

Mon Dieu ! je n'avais jamais vu un désespoir pareil à celui que je lus sur ce visage abattu. Il me prit par la main et me conduisit hors la chambre. Je les regardai une dernière fois : Alexandra Michaïlowna s'appuyait contre la cheminée, et pressait sa tête entre ses mains. La torsion de son corps révélait une épouvantable souffrance. Je serrai fortement la main de Peter Alexandrowitch.

— Au nom de Dieu ! Au nom de Dieu ! m'écriai-je d'une voix saccadée. Grâce !

— Ne craignez rien ! ne craignez rien ! répondit-il d'un air étrange. C'est une crise ! Allez donc ! Allez !

Je me jetai sur le divan de ma chambre et me cachai la figure pour être dans l'obscurité. Je restai trois heures ainsi à souffrir toutes les tortures de l'enfer. Enfin, n'y pouvant tenir, je fis demander s'il m'était permis de voir Alexandra Michaïlowna. Mme Léotard m'apporta la réponse :

Peter Alexandrowitch faisait savoir que la crise était passée, qu'il n'y avait plus de danger, mais que l'état d'Alexandra Michaïlowna exigeait un repos absolu. Je restai debout jusqu'à trois heures du matin, allant et venant dans ma chambre. Ma situation devenait plus problématique que jamais. Cependant je me sentais plus tranquille peut-être parce que j'étais la plus coupable. Je me mis au lit, attendant avec impatience le lendemain.

Le lendemain, je remarquai avec étonnement chez Alexandra Michaïlowna une inexplicable froideur pour moi. Je crus d'abord que ce pur et noble cœur éprouvait une gêne à me revoir après cette scène dont j'avais été le témoin involontaire. Je savais cette enfant capable de rougir devant moi et de s'excuser du scandale de la veille. Mais je ne tardai pas à reconnaître en elle la trace d'un autre souci et d'un dépit qu'elle me montrait avec une grande maladresse. Elle me répondait sèchement ou bien ses paroles avaient un double sens offensant pour moi ; ou encore elle se montrait tendre, et semblait se repentir du mal qu'elle venait de me faire. Je lui demandai enfin à quoi elle pensait et si elle n'avait pas quelque chose à me confier. Cette soudaine question l'embarrassa, mais aussitôt, levant sur moi ses grands yeux calmes, elle me répondit avec un tendre sourire :

— Rien ! Netotchka. Mais sais-tu ? la question inattendue m'a troublée parce que tu me l'as adressée trop brusquement, je t'assure ! Ecoute : Dis-moi la vérité, mon enfant !... As-tu quelque chose dans le cœur dont tu serais embarrassée, si on te demandait d'une façon aussi inattendue de l'expliquer ?

— Non ! répondis-je en la regardant d'un regard clair.

— Eh bien, tant mieux ! Si tu savais, mon amie, comme je t'aime pour cette bonne réponse. Ce n'est pas que je te soupçonne de quoi que ce soit de mauvais. Jamais ! je ne me pardonnerais pas d'y avoir seulement pensé. Mais, écoute, je t'ai prise chez moi tout enfant. Tu as maintenant dix-sept ans. Tu as vu toi-même que j'étais malade, que j'étais comme un enfant. J'ai besoin d'être soignée. Je n'ai pu remplacer tout à fait ta mère, bien que je t'aime assez pour avoir désiré le faire. Si maintenant quelque chose m'inquiète ce n'est pas ta faute assurément, c'est la mienne. Pardonne-moi donc ma question, et de n'avoir pu, malgré moi, tenir toutes les promesses que je t'ai faites ainsi qu'à mon père en te prenant avec moi. Cela me tourmente et m'a souvent tourmentée, mon amie.

Je la serrai dans mes bras en pleurant.

— Oh ! je vous remercie, je vous remercie pour tout ! m'écriai-je. Ne me parlez pas ainsi ! Vous avez été pour moi plus qu'une mère ! Que Dieu vous bénisse, vous et le prince, de ce que vous avez fait pour moi, pauvre abandonnée ! Ma pauvre mère, ma chère mère !

— Voyons Netotchka ! Voyons ! Embrasse-moi plus fort ! Encore plus fort ! plus fort ! Sais-tu, il me semble que je t'embrasse ainsi pour la dernière fois.

— Non, non ! m'écriai-je en sanglotant. Non ! Non ! cela ne sera pas ! Vous serez heureuse !... Il y aura encore de beaux jours pour vous. Croyez-moi, nous serons heureuses.

— Merci, je te remercie de m'aimer tant. Il y a si peu de cœur autour de moi ! Tout le monde m'a abandonnée.

— Qui vous a abandonnée ? Qui ?

— J'ai été, autrefois, très entourée. Tu ne le sais pas, Netotchka. Ils m'ont tous abandonnée ! Ils se sont tous évanouis comme des fantômes. Et moi, j'ai toujours espéré qu'ils reviendraient, je l'ai espéré toute ma vie. Que Dieu leur pardonne ! Regarde, Netotchka ! l'automne est déjà bien avancé ! La neige va tomber ; alors je mourrai. — Oui mais je ne m'en chagrine pas. Adieu !

Son visage était horriblement pâle et tiré ; sur chacune de ses joues, brûlait une tache de sang de mauvais présage, ses lèvres flétries, desséchées par une fièvre dévorante, tremblaient constamment comme agitées du dernier frisson.

Elle s'approcha du piano et frappa quelques accords. Juste en cet instant une corde se brisa et le son expira lentement comme un soupir désespéré.

— Entends-tu, Netotchka, entends-tu ? — dit tout à coup Alexandra Michaïlowna d'une voix inspirée en me montrant le piano. — Cette corde était trop tendue, elle en est morte. Ecoute comme sa voix expire plaintivement.

Elle parlait avec difficulté. Ses douleurs intimes se reflétaient sur son visage et ses yeux se voilaient de larmes.

— Mais assez là-dessus, Netotchka, mon amie, assez.

Amène-moi mes enfants.

J'allai les chercher. Elle parut se rasséréner en les regardant. Au bout d'une heure, elle les laissa partir.

— Quand je mourrai, tu ne les abandonneras pas, Anneta, n'est-ce pas ? me dit-elle tout bas, comme si elle eût craint d'être entendue.

— Ne dites pas cela, vous me faites mourir, — lui répondis-je, ayant à peine la force d'articuler ces quelques syllabes.

— Allons ! je plaisante, — dit-elle en souriant, après un silence, — et tu prends cela au sérieux. Ne sais-tu pas que je parle quelquefois Dieu sait comment? Je suis comme un enfant, il faut tout me pardonner.

Elle me regardait timidement. On eût dit qu'elle avait à me faire quelque pénible confidence. J'attendis.

— Prends bien garde de ne pas l'effrayer, — reprit-elle enfin, les yeux baissés, le rouge au visage et d'une voix si basse que je l'entendais mal.

— Qui donc? — demandai-je avec étonnement.

— Mon mari. Tu vas peut-être lui répéter tout cela en cachette.

— Eh! pourquoi? Mais pourquoi donc? — dis-je au comble de l'étonnement.

— Au fait, peut-être ne le lui diras-tu pas, qui sait? — répondit-elle en tâchant de me regarder le plus malicieusement possible, quoique son sourire naïf demeurât sur ses lèvres et que la rougeur lui montât de plus en plus au visage. — N'en parlons plus. Je plaisantais.

Mon cœur se serrait plus douloureusement de minute en minute.

— Seulement, écoute, — ajouta-t-elle, — et son visage redevint sérieux et mystérieux, — tu les aimeras, n'est-ce pas? quand je serai morte. Tu les aimeras comme s'ils étaient tes propres enfants, n'est-ce pas? Rappelle-toi que je t'ai toujours aimée comme une parente, que je ne t'ai pas écartée des miens.

— Oui! oui! — — répondis-je, suffoquée par l'effort que je faisais pour retenir mes larmes et sans savoir ce que je disais.

Un ardent baiser brûla ma main avant que j'eusse eu le temps de la retirer. La stupéfaction me coupa la parole.

Qu'a-t-elle? — pensais-je, — à quoi songe-t-elle? Que s'est-il donc passé hier entre eux?... »

Un instant après, elle se plaignit d'une grande lassitude.

— Il y a longtemps que je suis malade, me dit-elle, mais je ne voulais pas vous effrayer, tous les deux. Vous m'aimez tant... Allons, laisse-moi; au revoir, Nétotchka. Mais ne manque pas de revenir ce soir. Viendras-tu? »

Je donnai ma parole. J'avais hâte de sortir, je n'aurais pu retenir plus longtemps mes larmes.

« Pauvre, ô pauvre femme! — m'écriai-je en sanglotant, — quels soupçons t'accompagnent dans la tombe! Quel nouveau chagrin meurtrit et ronge ton cœur! Tu n'oses même en parler!... Mon Dieu! Qui pourrait expliquer cette longue souffrance qu'elle m'a depuis si peu de temps avouée, cette vie sans lumière, et cet amour timide qui n'a jamais osé rien demander ! Même à présent, à présent, presque à son lit de mort, le cœur déchiré d'angoisse, elle est là, comme une coupable, évitant le moindre bruit, s'interdisant toute plainte et s'imaginant, s'inventant une douleur nouvelle pour s'y soumettre, pour s'y résigner !... »

A la tombée du jour, profitant de l'absence d'Ovroff (l'envoyé de Moscou), j'entrai dans la bibliothèque ; j'ouvris une armoire et je me mis à fouiller parmi les livres pour en choisir un que je pusse lire à haute voix à Alexandra Michaïlowna. Je voulais, pour la détourner de ses idées noires, quelque chose de léger... Je cherchai longtemps, distraitement. A mesure que l'ombre augmentait, ma tristesse devenait plus accablante... Je me trouvai avoir à la main le livre même, ouvert à la page même où était placée *cette lettre*, qui ne sortait pas de ma mémoire, cette mystérieuse lettre qui avait partagé ma vie en deux parties, terminant l'une et commençant l'autre. Qu'elle m'avait fait froid au cœur ! quel monde d'inconnue désolation elle m'avait révélé ! Qu'allons-nous devenir? pensai-je. Le coin où j'ai été heureuse va m'être étranger. L'esprit pur et serein qui protégeait ma jeunesse m'abandonne. Qu'est-ce qui m'attend dans l'avenir?... et je m'oubliais à rêver, tantôt à ce passé qui m'était si cher, tantôt à ce redoutable avenir que j'essayais de deviner... Je me rappelle cet instant comme si je le vivais à cette heure même, tant il s'est fortement gravé dans ma mémoire.

Je tenais toujours le livre ouvert sur la lettre et mon visage était baigné de larmes. Tout à coup je tressaillis de frayeur. J'entendis derrière moi *la voix trop connue* et je sentis, au même moment, qu'on m'enlevait ma lettre. Je jetai un cri et me retournai. Peter Alexandrowitch était devant moi. Il me prit le bras et le serra fortement pour me maintenir en place. De la main droite il approchait la lettre de la lumière et s'efforçait de déchiffrer les premières lignes... Je me mis à crier. J'aurais mieux aimé mourir que lui laisser cette lettre. Je voyais à son sourire triomphant qu'il avait réussi à lire les premières lignes, je perdais la tête... Une minute s'écoula, puis, sans savoir ce que je faisais, je me jetai sur lui et lui arrachai la lettre. Tout cela avait été si précipité que je ne m'expliquais pas moi-même comment j'étais de nouveau en possession du fatal papier. — Voyant qu'il voulait me le reprendre, je le cachai vivement dans ma poitrine et reculai de trois pas. Une demi-minute, nous nous dévisageâmes sans parler. Enfin, blême, les lèvres frémissantes et bleues de colère, il rompit le premier le silence.

— Voyons ! — dit-il d'une voix étouffée par la colère et l'émotion, — vous ne voulez pas, je pense, que j'emploie la force ? Rendez-moi de bon gré cette lettre.

Je revins à moi. La révolte contre cette violence, l'indignation, la honte m'étranglaient.

De chaudes larmes coulaient sur mes joues enflammées. Mon agitation était si violente que je n'eus pas tout de suite la faculté de répondre.

— Avez-vous entendu ? — reprit-il en s'avançant d'un pas vers moi...

— Laissez-moi, laissez-moi ! — criai-je en m'écartant. Vous avez agi bassement, ignoblement. Vous vous êtes oublié !... Laissez-moi passer...

— Comment ? Qu'est-ce que cela signifie ? Et vous osez encore prendre ce ton après ce que vous... Rendez-la moi, vous dis-je !

Il avança d'un pas encore. Mais en me regardant il lut dans mes yeux une si ferme décision qu'il s'arrêta et prit un temps pour réfléchir.

— C'est bien, dit-il enfin comme s'il en avait

pris son parti. Mais on voyait qu'il se maîtrisait avec peine. — Cela viendra à son tour, reprit-il, et d'abord...

Il regarda autour de lui.

— Vous... Qui vous a laissé entrer dans la bibliothèque? Pourquoi l'armoire est-elle ouverte? Où avez-vous pris la clef?

— Je ne vous répondrai pas, je ne veux pas vous parler. Laissez-moi.

Et je me dirigeai vers la porte.

— Permettez, dit-il en me retenant par la main, vous ne sortirez pas ainsi.

Je dégageai silencieusement ma main et fis de nouveau un mouvement vers la porte.

— A merveille, alors, mais je ne puis vous permettre de recevoir les lettres de vos amants dans ma maison.

Je poussai un cri d'horreur...

— Par conséquent, continua-t-il...

— Arrêtez! m'écriai-je, comment pouvez-vous me dire?... Mon Dieu ! Mon Dieu !...

— Quoi? Qu'est-ce? C'est vous qui me menacez encore !

Je le regardai, pâle, la mort dans le cœur. Je ne m'expliquais pas comment cette affreuse scène avait pu si vite atteindre ce degré d'intensité.

Je le suppliai du regard de ne pas continuer. J'étais prête à lui pardonner l'offense pourvu qu'il s'arrêtât. Il me regarda fixement et parut hésiter.

— Ne me poussez pas à bout, lui dis-je tout bas.

— Non, il faut en finir, prononça-t-il d'un ton décidé. Je vous l'avoue — ajouta-t-il avec un sourire étrange, j'ai d'abord hésité sous votre regard. Malheureusement l'affaire est trop claire. J'ai pu lire le commencement de la lettre : c'est une lettre d'amour, n'essayez pas de m'en faire accroire, non, sortez cela de votre esprit. Si j'ai hésité, cela prouve seulement qu'à tous vos talents il faut ajouter celui de bien jouer la comédie. Par conséquent, je vous le répète...

A mesure qu'il parlait la fureur décomposait son visage. Il blémissait de plus en plus, ses lèvres se tordaient et tremblaient. Il ne put que balbutier les derniers mots.

Et la nuit venait. Je demeurais sans défense, seule, devant un homme capable d'outrager une femme. D'ailleurs, toutes les preuves étaient contre moi. Je mourais de honte, je me sentais perdue ; mais je ne pouvais comprendre la fureur de cet homme. Sans lui répondre, affolée de terreur, je me jetai hors de la chambre et je me traînai, sans savoir comment j'étais venue jusque-là, à l'entrée du cabinet d'Alexandra Michaïlowna. En ce moment, j'entendis le pas de Peter Alexandrowitch et, je voulus entrer pour lui échapper, quand brusquement je m'arrêtai comme frappée par la foudre.

— « Que va-t-elle devenir? — pensai-je!... Cette lettre!... Non, mieux vaut tout au monde que ce dernier coup sur son cœur... » — Et je me rejetai en arrière, mais trop tard : il était près de moi.

— Allons où vous voudrez, mais pas ici, pas ici! lui dis-je tout bas en lui saisissant la main. Epargnez-la. Venez à la bibliothèque, ou n'importe où vous voudrez... Vous la tueriez.

— C'est vous qui la tuez, répondit-il en me repoussant.

Tous mes espoirs s'évanouissaient. Je compris qu'il voulait précisément continuer cet éclat chez Alexandra Michaïlowna.

— Pour Dieu! lui dis-je encore en le retenant de toutes mes forces... Mais la portière se souleva et Alexandra Michaïlowna apparut. Elle nous regarda avec stupeur. Son visage était plus pâle que de coutume. Elle se tenait debout avec peine.

On voyait qu'elle avait dû faire un violent effort pour s'approcher de nous, quand elle avait entendu nos voix.

— Qu'y a-t-il? De quoi parliez-vous? — demanda-t-elle en nous examinant avec une sorte de vague terreur.

Il y eut un silence de quelques instants. Elle pâlit encore. Je me jetai sur elle et l'étreignant avec force je l'entraînai au fond du cabinet. Peter Alexandrowitch nous suivit. Je cachai mon visage dans la poitrine d'Alexandra et je l'embrassai plus fortement, plus fortement encore, mourante d'appréhension.

— Qu'as-tu? Qu'avez-vous? — demanda-t-elle pour la seconde fois.

— Priez-la de vous l'apprendre... hier encore vous le lui aviez défendu..., dit Peter Alexandrowitch en s'asseyant pesamment dans un fauteuil.

Je la serrais toujours plus étroitement dans mes bras.

— Mais qu'y a-t-il donc? — dit Alexandra Michaïlowna épouvantée. — Vous êtes irritée, elle est effrayé, elle pleure... Annetta, dis-moi tout ce qui s'est passé entre vous.

— Non, permettez d'abord, dit Peter Alexandrowitch en s'avançant et en m'écartant d'Alexandra Michaïlowna. — Restez ici, ajouta-t-il en me montrant le milieu de la chambre. Je veux que celle qui vous a servi de mère vous juge. Et vous tranquillisez-vous, asseyez-vous, continua-t-il en conduisant Alexandra Michaïlowna près d'un fauteuil. Il m'est pénible de ne pouvoir vous dispenser d'une explication désagréable mais nécessaire.

— Mon Dieu! que va-t-il arriver! dit Alexandra Michaïlowna en nous regardant alternativement son mari et moi.

Je me tordais les mains sous l'attente de la minute fatale. Je savais qu'il ne ferait pas grâce.

— En un mot, reprit Peter Alexandrowitch, vous allez juger avec moi. Vous êtes toujours (et je ne sais pourquoi vous avez entr'autres cette fantaisie), vous êtes toujours, hier encore, par exemple, à penser, à dire... Mais je ne sais comment m'exprimer, vos suppositions me font rougir. En un mot, vous la défendiez, vous vous mettiez contre moi, vous me reprochiez une sévérité *déplacée*, vous faisiez même allusion à *un autre sentiment* qui paraissait la cause de cette sévérité *déplacée*. Vous... mais je ne comprends pas pourquoi que je ne puis maîtriser mon embarras. Le rouge me monte au visage à la pensée de vos suppositions. Pourquoi donc ne puis-je dire ouvertement devant elle...? En un mot, vous...

— Oh! vous ne direz pas cela, non, vous ne le direz pas, interrompit Alexandra Michaïlowna au comble de l'inquiétude et rouge de honte. Vous lui épargnerez cela. C'est moi qui ai tout inventé, mais je n'ai plus de soupçons, maintenant, plus un seul. Pardonnez-moi cela encore, pardonnez, je suis malade. Il faut me pardonner et ne pas dire cela, non... Annetta, — continua-t-elle en se tournant sur moi, — Annetta va-t-en vite, il plaisantait et la seule coupable, c'est moi. C'était une mauvaise plaisanterie...

— En un mot, vous étiez jalouse d'elle à cause de moi, dit Péter Alexandrowitch, jetant sans pitié cette reponse à l'anxieuse attente de la pauvre femme.

Elle jeta un cri, pâlit et s'accrocha au fauteuil presque défaillante.

— Dieu vous pardonne ! — murmura-t-elle enfin. — Pardonne-moi pour lui, Netotchka, pardonne-nous. Je suis au moins la première coupable. J'étais malade, je...

— Mais c'est de la tyrannie, la plus honteuse,

la plus vile, m'écriai-je hors de moi et comprenant enfin pourquoi il tenait tant à m'humilier sous les yeux de sa femme. — C'est ignoble, monsieur, vous...

— Annetta, implora Alexandra Michaïlowna épouvantée, me retenant par les mains.

— Comédie, comédie et rien de plus ! dit Péter Alexandrowitch marchant vers nous, dans une inexprimable agitation; comédie, vous dis-je, — continua-t-il, en regardant sa femme fixement et avec un sourire cruel : et la jouée dans cette comédie, c'est vous, croyez-moi — continua-t-il en hoquetant de rage et me désignant du regard — nous n'en sommes plus à craindre de tels détails. Croyez-moi, nous ne sommes plus innocente au point de nous offenser, rougir et nous boucher les oreilles quand on parle devant nous de ces choses-là. Excusez ma façon simple franche, et peut-être brutale de m'exprimer, mais il le faut : êtes-vous sûre, madame, de la bonne conduite de cette... demoiselle ?

— Mon Dieu ! Qu'avez-vous ! Vous vous oubliez, dit Alexandra Michaïlowna, comme pétrifiée d'étonnement.

— Je vous en prie, point de phrases ! reprit Peter Alexandrowitch avec dédain, je n'aime pas cela. L'affaire qui nous occupe est banale jusqu'à la dernière trivialité. Je vous demande des renseignements sur la conduite de mademoiselle. Savez-vous ?...

Mais je ne le laissai pas finir. Je lui pris la main et le tirai vivement de côté. Encore un moment, tout était perdu.

— Ne parlez pas de la lettre, dis-je rapidement et à voix basse. Vous la tueriez instantanément. Les reproches que vous me feriez la frapperaient elle-même. Elle ne peut me juger, car je sais tout.. Vous comprenez, je sais *tout*.

Il me regarda fixement, avec une curiosité ardente et parut confus. Le sang lui monta au visage.

— Je sais *tout, tout*, répétai-je.

Il hésitait encore, une question était sur ses lèvres, je pris les devants.

— Voici ce qui est arrivé, dis-je à voix haute et m'adressant à Alexandra Michaïlowna qui nous examinait avec une inquiétude croissante. — C'est moi qui suis coupable. Je vous trompe depuis quatre ans. J'ai pris la clef de la bibliothèque et voilà quatre ans que je lis des livres en cachette. Peter Alexandrowitch m'a surprise avec un livre qui ne devait pas être entre mes mains. Tremblant pour moi, il a exagéré le mal à vos yeux... Mais je ne me défens pas (me hâtai-je d'ajouter en voyant un mauvais sourire plisser les lèvres de Peter Alexandrowitch). Encore une fois j'avoue que je suis coupable. La tentation était trop forte, et comme j'avais déjà été grondée pour cette même faute, j'ai eu honte de l'avouer... Voilà tout, à peu près tout ce qui est arrivé.

— Ho ! ho ! comme vous allez vite ! me dit à voix basse Peter Alexandrowitch.

Alexandra Michaïlowna m'écoutait avec une attention profonde. Son visage trahissait une évidente méfiance. Elle nous regardait alternativement, son mari et moi. Il y eut un silence. J'avais de la peine à respirer. Elle inclina sa tête sur sa poitrine, abrita ses yeux d'une main pour mieux méditer, pour mieux peser chacun des mots que j'avais prononcés. Elle releva enfin la tête et me regarda longuement.

— Netotchka, mon enfant, dit-elle, je sais que tu es incapable de mentir : Est-ce bien tout ? absolument tout ?

— Tout, répondis-je.

— Est-ce réellement tout ? demanda-t-elle à son mari.

— Oui, tout, répondit-il avec effort, tout.

— Je respirai.

— Tu me donnes ta parole, Netotchka ?

— Oui, répondis-je sans broncher. Mais je ne pus m'empêcher de jeter un regard sur Peter Alexandrowitch. Il avait ri en m'entendant donner ma parole, je rougis et ma confusion fut remarquée par la pauvre Alexandra Michaïlowna. Un chagrin profond se peignit sur son visage.

— Allons, dit-elle tristement, je vous crois, je ne peux pas ne pas vous croire.

— Et j'espère que de tels témoignages suffisent, riposta Peter Alexandrowitch. Vous avez entendu, que voulez-vous de plus ?

Alexandra Michaïlowna ne répondit pas. La scène devenait de plus en plus pénible.

— Demain même j'examinerai tous les livres, reprit Peter Alexandrowitch, je ne sais ce qu'il y a là encore, mais...

— Et quel livre lisait-elle ? — demanda Alexandra Mikhaëlowna.

— Quel livre ? Ah !... Répondez vous-même, me dit-il. Vous savez mieux que moi *expliquer l'affaire*, ajouta-t-il en mettant une intention railleuse dans chacun de ses mots.

Je ne trouvai pas un mot à répondre.

Alexandra Michaïlowna rougit de nouveau et baissa les yeux.

Il y eut un long silence.

Peter Alexandrowitch marchait de long en large.

— Je ne sais ce qu'il y a entre vous, dit enfin Alexandra Michaïlowna parlant avec une visible timidité, mais s'il n'y a *que cela*, continua-t-elle en s'efforçant de donner un sens particulier à ses paroles et d'éviter le regard de son mari, s'il n'y a *que cela* je ne sais pourquoi nous nous dérobons ainsi tous les trois. C'est moi qui suis le plus coupable. J'ai négligé son éducation et je dois en répondre. Il faut qu'elle me pardonne, que je puisse la juger. La juger ! je ne l'oserais. Mais, encore une fois, pourquoi vous désoler ? Le danger est passé. Regardez-la, Peter Alexandrowitch — elle s'animait de plus en plus, — regardez-la et dites-moi quelles ont été les conséquences de son imprudence. Allez ! je connais mon enfant, ma chère fille, et je sais que son cœur est pur et noble, je sais que dans cette jolie petite tête — et elle me caressait en m'attirant à elle — il y a un esprit droit et sage, une conscience ennemie du mensonge.... Allons, finissons-en, mes chers amis ; il y a probablement quelque autre chose que vous me cachez au fond de votre tristesse. C'est un nuage, un orage dangereux. Écartons-le par l'amour, par la bonne entente, et plus de soupçons, n'est-ce pas ? Il y en avait plus d'un peut-être, entre nous, et c'est moi qui l'avoue la première, car c'est aussi chez moi qu'ils ont commencé à naître. Je dissimulais avec vous et Dieu sait quelles pensées je roulais dans ma tête malade ! Mais... mais puisque déjà nous avons dissipé les plus gros embarras de ce malentendu, pardonnez-moi tous deux, car... car, enfin, mes soupçons étaient, au fond, sans gravité réelle...

Elle regarda timidement son mari, attendant avec anxiété sa réponse. Il souriait en l'écoutant, et quand elle eut fini de parler, il cessa de marcher et s'arrêta droit devant elle, les mains croisées derrière son dos. Il semblait épier la confusion de sa femme, l'étudier et en jouir. Sentant peser sur elle ce regard fixe, elle se troubla. Il garda le silence un moment encore comme s'il eût attendu qu'elle continuât. Son embarras redoublait. Enfin il interrompit cette situation insupportable par un long, silencieux et insultant éclat de rire.

— Je vous plains, pauvre femme, dit-il en affectant un ton d'amère gravité et en cessant de rire. Vous avez assumé un rôle au-dessus de vos forces. Que voulez-vous ? une réponse ? Mais vos paroles cachent mal les nouveaux soupçons que vous avez conçus ou plutôt cette vieille méfiance qui ne vous permettra pas de comprendre ma réponse. N'est-ce pas, il n'y a point lieu à s'irriter contre elle, elle est parfaite même après avoir lu des livres immoraux — dont l'immoralité me semble pourtant avoir déjà porté ses fruits; — enfin, vous répondez d'elle, n'est-ce pas? Cependant, vous gardez vos soupçons et je sais à quel secret motif vous attribuez mes poursuites. Hier même vous observiez — je vous en prie, ne m'arrêtez pas, j'aime les situations nettes — vous observiez hier, dis-je, que chez certaines gens (je me rappelle que, selon vous, ces personnes-là sont d'ordinaire correctes, sévères, droites, sages, fortes, quels qualificatifs ne leur donniez-vous pas encore dans votre accès de générosité!) que chez certaines gens, je le répète, l'amour (et Dieu sait pourquoi vous aviez imaginé de parler de l'amour), ne peut être que profond, violent, emporté, mêlé de défiance et se traduit par des importunités. Je ne me rappelle plus si ce sont bien là les propres termes que vous avez employés... Je vous en prie, ne m'arrêtez pas, je connais bien votre élève, elle peut tout entendre, tout, je vous le répète pour la centième fois, tout. Vous êtes trompée. Mais pourquoi donc voulez-vous que je sois précisément l'individu en question ? Pourquoi voulez-vous m'affubler d'un caftan de bouffon ? Aimer mademoiselle ? Allons donc, ce n'est plus de mon âge. Et puis enfin, madame, *je connais mes devoirs ; quelle que puisse être la générosité du pardon que vous m'offririez, je maintiens que les crimes sont toujours des crimes, qu'un péché reste toujours un péché, honteux, detestable, ignoble, si haut qu'on l'élève.* Mais laissons cela que je n'entende plus parler de ces vilenies.

Alexandra Michaïlowna pleurait.

— Eh bien, accablez-moi, que tout cela retombe sur moi ! dit-elle en me tenant embrassée. Méprisez-moi pour mes soupçons, soit, — et vous les avez cruellement raillés !... Mais toi, ma pauvre enfant, pourquoi es-tu condamnée à entendre de telles offenses sans que je puisse t'en préserver ? Que n'ai-je un peu de force, mon Dieu !... je ne puis me taire, monsieur ! C'est au-dessus de ma volonté... Votre conduite est folle !...

— Taisez-vous, taisez-vous, lui dis-je tout bas en m'efforçant de calmer son indignation. Je craignais qu'elle n'exaspérât son mari par ses reproches, je tremblais pour elle.

— Mais, femme aveugle, s'écria-t-il, vous ne savez donc rien, vous ne voyez donc rien...

Il s'arrêta un instant, puis, tout à coup :

— Arrière ! Arrière ! — me dit-il en arrachant mes mains de celles d'Alexandra Michaïlowna. Je ne vous permets pas d'approcher de ma femme. Vous la souillez ! Vous l'outragez par votre présence !... Mais... mais qu'est-ce donc qui me force à me taire quand il est indispensable de parler ! — cria-t-il en frappant du pied. Je parlerai, je dirai tout. J'ignore ce que vous *savez*, mademoiselle, et de quoi vous avez voulu me menacer, et je ne veux pas le savoir. Ecoutez, continua-t-il en s'adressant à sa femme, écoutez donc...

— Silence ! suppliai-je en me jetant en avant, silence ! pas un mot !

— Ecoutez...

— Pas un mot, au nom de...

— Au nom de quoi, mademoiselle ? interrompit-il vivement en me regardant au fond des yeux. Au nom de quoi ?... — Sachez donc que j'ai surpris dans ses mains une lettre d'amour. Voilà ce qui se passe dans notre maison. Voilà ce qui se passe à côté de vous ! Voilà ce que vous n'avez pas su voir !

Je me tenais à peine debout. Alexandra Michaïlowna devint pâle comme la mort.

— Cela ne peut pas être, balbutia-t-elle,

— J'ai vu la lettre, madame, je l'ai tenue entre mes mains, j'ai lu les premières lignes et je ne me suis pas trompé. C'est la lettre d'un amant. Elle me l'a arrachée des mains. Elle l'a maintenant sur elle. Voilà qui est clair, certain, incontestable. Hésitez-vous encore ! Regardez-la donc !

— Netotchka..., s'écria-t-elle en s'élançant vers moi. Mais non, ne parle pas, ne parle pas ! Je sais ce que c'est, je sais ce qu'il en est... Mon Dieu ! Mon Dieu !

Elle fondit en larmes en cachant son visage dans ses mains.

— Non, cela ne se peut, — s'écria-t-elle de nouveau, vous vous êtes trompé. Cela... Je sais ce que cela signifie ! — et elle regarda son mari en face, — vous .. je... ne pourrais... Voyons, tu ne me mentiras pas, tu ne peux me mentir, dis-moi tout sans rien cacher. Il s'est trompé, n'est-ce pas ? N'est-ce pas qu'il s'est trompé ! Il a mal vu, il est aveugle !... Oui, n'est-ce pas ? n'est-ce pas ? Ecoute, pourquoi ne pas tout me dire, Annetta, mon enfant, ma chère enfant ?

J'entendis, au-dessus de ma tête, la voix de Péter Alexandrowitch :

— Répondez, répondez vite : ai-je vu, oui ou non, la lettre entre vos mains ?

— Oui, répondis-je, suffoquée par l'émotion.
— C'est la lettre de votre amant ?
— Oui.
— Avec lequel vous avez des relations ?
— Oui ! oui ! oui ! dis-je sans savoir ce que je disais, déterminée à répondre affirmativement à toutes le questions, pour en finir.
— Vous avez entendu ? Eh bien ! qu'en dites-vous ? Croyez-moi, bonne âme, cœur trop crédule, — dit Péter Alexandrowitch en prenant la main de sa femme, — croyez-moi et renoncez aux illusions de votre imagination malade. Vous voyez maintenant ce que c'est que cette... demoiselle. J'ai seulement voulu vous montrer combien vos soupçons étaient mal fondés. Je savais tout cela depuis longtemps et je suis bien aise de l'avoir démasquée devant vous. Il m'était pénible de la voir auprès de vous, dans vos bras, à notre table, dans ma maison enfin. Votre aveuglement me révoltait. C'est pour cela, et pour cela seulement que je l'ai étudiée, épiée. Dieu sait les soupçons que vous a suggérés l'intérêt que je semblais prendre à suivre ses démarches ! Dieu sait tout ce que vous avez brodé sur ce canevas ! Mais maintenant la situation est nette, il n'y a plus d'équivoque possible, et dès demain, mademoiselle, — conclut-il

en s'adressant à moi, — dès demain vous sortirez de ma maison.

— Arrêtez ! dit Alexandra Michaïlowna en se levant. Je ne crois pas à tout cela. Ne me regardez pas avec un air si farouche, ne vous moquez pas de moi. C'est vous-même que je veux juger. Annetta, mon enfant, viens ici, donne-moi ta main comme cela. Va, nous sommes tous coupables...
— Les larmes faisaient trembler sa voix et elle regardait son mari avec un étrange expression de soumission, — qui de nous a le droit de repousser n'importe quelle main ? Donne-moi donc ta main, ma chère enfant ; j'ai moins de mérite que toi, je suis moins vertueuse. Ta présence ne peut m'offenser : ne suis-je pas, moi aussi, *une pécheresse !*...

— Madame, s'écria Peter Alexandrowitch étonné et furieux, retenez-vous, vous oubliez...

— Je n'oublie rien. Ne m'interrompez pas, laissez-moi parler. Vous avez vu entre ses mains une lettre, vous l'avez même lue. Vous dites et elle a... avoué que cette lettre est de celui qu'elle aime. Mais cela prouve-t-il qu'elle soit coupable ?... Cela vous permet-il de la traiter ainsi, de l'outrager sous les yeux de votre femme, oui, monsieur, sous les yeux de votre femme ? Avez-vous bien examiné cela? Savez-vous bien ce qu'il en est?

— Mais je n'aurai bientôt plus qu'à lui demander pardon? C'est ce que vous voulez, n'est-ce pas?... Je perds patience, à la fin! Savez-vous de qui vous parlez? Savez-vous ce que vous dites! Savez-vous qui et quoi vous défendez? Mais c'est bien clair, pourtant...

— Vous n'avez pas tout vu, la colère et l'orgueil vous aveuglent. Vous ne savez ce que je défends et de qui je parle. Ce n'est pas le vice que je défends. Mais êtes-vous capable de raisonner? Vous verriez plus clair si vous réfléchissiez. Avez-vous pensé qu'elle peut n'être encore qu'une enfant naïve? Non, je ne défends pas le vice et je m'empresse de vous le dire si cela peut vous être agréable. Si elle était épouse et mère et qu'elle eût oublié ses devoirs, je serais avec vous... Vous voyez bien que je n'ai pas perdu la tête: constatez-le et ne me faites plus de reproche. Mais si elle a reçu cette lettre sans connaître le mal? Si elle a été entraînée par un sentiment inexpérimenté sans avoir personne pour la retenir? Si je suis la seule coupable, moi qui n'ai pas assez surveillé son cœur? Si cette lettre est la première? Si vous avez outragé par vos grossiers soupçons sa délicatesse virginale, si vous avez souillé son imagination par vos commentaires cyniques! Si vous n'avez pas su voir, comme je la vois en ce moment, la pudeur briller sur son visage pur comme l'innocence, quand éperdue, brisée, ne sachant plus ce qu'elle disait, énervée de chagrin, elle a répondu par un aveu à toutes vos questions inhumaines... Oui, c'est inhumain, c'est cruel, je ne vous reconnais pas. Je ne vous le pardonnerai jamais, jamais...

— Oui, épargnez-moi, épargnez-moi, criai-je en l'étreignant dans mes bras, épargnez-moi, ne me chassez pas...

— Je tombai à genoux devant elle.

— Si, enfin, continua-t-elle d'une voix étouffée, si je n'étais pas auprès d'elle, si vous l'aviez épouvantée par vos paroles et que la pauvre enfant se fût convaincue d'être coupable! si vous aviez troublé sa conscience, détruit la paix de son cœur!... Mon Dieu! Mon Dieu! Vous vouliez la chasser de la maison! Mais savez-vous avec qui on fait cela? Savez-vous que si elle part nous partirons ensemble, oui, moi aussi, avez-vous entendu, Monsieur?

— Ses yeux lançaient des éclairs, sa poitrine se soulevait convulsivement, son exaltation était au paroxysme.

— Eh bien ? ai-je assez écouté, Madame? dit Peter Alexandrowitch. J'en ai assez. Oui, oui, je sais qu'il y a des passions platoniques, et je le sais pour ma perte, madame, entendez-vous, pour ma perte. Mais je ne puis, moi, madame, vivre dans la société de ces façons de vice doré, je n'y entends rien. Arrière ces dorures !... Et si vous vous sentez coupable, si vous en savez quelque chose pour votre part (je ne devrais pas avoir besoin de vous le rappeler, madame), et s'il vous plaît de quitter ma maison... il me reste seulement à vous dire, à vous rappeler qu'il est regrettable que vous ayez négligé d'accomplir ce projet quand il était temps, vraiment temps, il y a quelques années de cela... Si vous l'avez oublié je vous le rappelle...

Je regardai Alexandra Michaïlowna. Elle défaillait et se cramponnait à moi, écrasée. Si son mari eût prononcé un mot de plus, elle eût expiré sur le champ.

— Par grâce ! épargnez-la, ne dites pas le dernier mot, m'écriai-je en me jetant à genoux devant Peter Alexandrowitch, oubliant qu'ainsi je me trahissais. Je m'en aperçus trop tard. Un faible cri répondit à mes paroles et la malheureuse tomba inanimée sur le plancher.

— C'est fini, dis-je, vous l'avez tuée. Appelez

les gens, sauvez-la ! Je vous attends dans votre cabinet, j'ai besoin de vous parler, je vous raconterai tout...

— Mais quoi ? mais quoi ?

— Après.

Les soins les plus énergiques ne produisirent aucun effet sur Alexandra Michaïlowna. On alla chercher le médecin... il déclara que tout était fini.

Deux heures après j'entrai dans le cabinet de Peter Alexandrowitch. Il venait de chez sa femme. Il était pâle, défiguré, et marchait de long en large en mordant ses doigts jusqu'au sang. Je ne l'avais jamais vu ainsi.

— Eh bien, me demanda-t-il d'une voix rude et brutale, qu'avez-vous à me dire ? Vous avez à me parler ?

— Voici la lettre. La reconnaissez-vous ?

— Oui.

— Prenez-la.

Il la porta vers la lumière. Je l'observai attentivement. Bientôt il retourna la quatrième page et lut la signature. Je vis que le sang lui montait au visage.

— Qu'est-ce ? murmura-t-il, stupéfié.

— Il y a trois ans que j'ai trouvé cette lettre dans un livre. J'ai pensé qu'elle était oubliée, je l'ai lue et j'ai tout appris. Depuis je l'ai gardée, ne sachant à qui la rendre. A elle? je ne pouvais. A vous? Mais vous étiez évidemment au fait de toute cette triste histoire... Pourquoi dissimuliez-vous? je ne sais, c'est un secret pour moi. Je ne puis pénétrer votre âme obscure... Vous vouliez sans doute conserver un moyen de la tyranniser et vous avez réussi. Mais dans quel but? Pour triompher d'un fantôme? pour affoler l'imagination affaiblie d'une malade? Pour lui prouver qu'elle se trompait et que vous êtes plus pur qu'elle? Vous avez encore réussi. Ses derniers soupçons, cette idée fixe d'un esprit qui s'éteignait, étaient la plainte suprême d'un cœur brisé par le jugement unique du monde avec lequel vous vous étiez ligué contre elle, homme orgueilleux, égoïste, jaloux, impitoyable! Adieu! et trêve d'explication. Mais prenez garde, je sais tout, n'oubliez pas que j'ai tout vu.

Sur ces paroles je rentrai dans ma chambre sans trop savoir ce que je faisais.

. . . .
. . . .

Deux ans après, grâce à un travail acharné et à la protection du prince X***, j'arrivai à entrer au grand opéra de Pétersbourg et j'y obtins les succès les plus flatteurs dès le début de ma carrière.

Je ne revis jamais Katia. Six mois après les terribles événements que je viens de raconter elle avait épousé un consul; et depuis elle vit constamment à l'étranger.

FIN

ÉMILE COLIN. — IMPRIMERIE DE LAGNY

EXTRAIT DU CATALOGUE
DE LA
Librairie C. MARPON et E. FLAMMARION
RUE RACINE, 26, PRÈS L'ODÉON

ŒUVRES DE CAMILLE FLAMMARION

Ouvrage couronné par l'Académie Française

ASTRONOMIE POPULAIRE
Quatre-vingtième Mille

Un beau volume grand in-18 jésus de 840 pages
Illustré de 360 gravures, 7 chromolithographies, cartes célestes, etc.
Prix : broché, 12 fr. ; — Relié toile, tr. dor. et plaque, 16 fr.
Le même ouvrage, édition de luxe, 2 vol. gr. in-8°, 20 fr.

LES ÉTOILES ET LES CURIOSITÉS DU CIEL
DESCRIPTION COMPLÈTE DU CIEL, ÉTOILE PAR ÉTOILE,
CONSTELLATIONS, INSTRUMENTS, ETC.

Quarantième Mille

Un volume grand in-8° jésus, illustré de 490 gravures, cartes
et chromolithographies
Prix : broché, 12 fr. ; — Relié toile, tr. dorées avec plaque, 16 fr.

LES TERRES DU CIEL
VOYAGE SUR LES PLANÈTES DE NOTRE SYSTÈME
et descriptions des conditions actuelles de la vie à leur surface
OUVRAGE ILLUSTRÉ
DE PHOTOGRAPHIES CÉLESTES, VUES TÉLESCOPIQUES, CARTES & 400 FIGURES
Un volume grand in-8°
Prix : broché, 12 fr. ; — Relié toile, tr. dorées et plaque, 16 fr.

LE MONDE AVANT LA CRÉATION DE L'HOMME
ORIGINES DU MONDE
ORIGINES DE LA VIE — ORIGINES DE L'HUMANITÉ
Ouvrage illustré de 400 figures, 5 aquarelles, 8 cartes en couleur
Un volume grand in-8° jésus
Prix : broché, 10 fr. ; — Relié toile, tr. dor., plaques, 14 fr.

*Souscription permanente de ces ouvrages en Livraison à
10 centimes et en série à 50 centimes.*

ŒUVRES DE CAMILLE FLAMMARION (Suite)

DANS LE CIEL ET SUR LA TERRE
TABLEAUX ET HARMONIES
ILLUSTRÉS DE QUATRE EAUX-FORTES DE KAUFFMANN
1 volume in-16 grand jésus. — Prix : 5 fr.

LA PLURALITÉ DES MONDES HABITÉS
AU POINT DE VUE DE L'ASTRONOMIE
DE LA PHYSIOLOGIE ET LA PHILOSOPHIE NATURELLE
33e édition. — 1 vol. in-18 avec figures. — Prix : 3 fr. 50

LES MONDES IMAGINAIRES ET LES MONDES RÉELS
REVUE DES THÉORIES HUMAINES SUR LES HABITANTS
DES ASTRES
20e édition. — 1 vol. in-18 avec figures. — Prix : 3 fr. 50

DIEU DANS LA NATURE
OU LE SPIRITUALISME ET LE MATÉRIALISME DEVANT LA SCIENCE
MODERNE
20e édition. — 1 fort vol. in-18 avec portrait. — Prix : 4 fr.

RÉCITS DE L'INFINI
LUMEN. — HISTOIRE D'UNE AME. — HISTOIRE D'UNE COMÈTE
LA VIE UNIVERSELLE ET ÉTERNELLE
10e édition. — 1 vol. in-18. — Prix : 3 fr. 50

SIR HUMPHRY DAVY
LES DERNIERS JOURS D'UN PHILOSOPHE
ENTRETIENS SUR LA NATURE ET SUR LES SCIENCES
Traduit de l'anglais et annoté
7e édition française. — 1 vol. in-18. — Prix : 3 fr. 50

MES VOYAGES AÉRIENS
JOURNAL DE BORD DE DOUZE VOYAGES EN BALLONS AVEC
PLANS TOPOGRAPHIQUES
1 volume in-18. — Nouvelle édition. — Prix : 3 fr. 50

BIBLIOTHÈQUE SCIENTIFIQUE POPULAIRE
PUBLIÉE SOUS LA DIRECTION DE
CAMILLE FLAMMARION

LA

CRÉATION DE L'HOMME

ET LES

PREMIERS AGES DE L'HUMANITÉ

Par H. du CLEUZIOU

OUVRAGE ILLUSTRÉ DE 400 FIGURES

5 GRANDES PLANCHES TIRÉES A PART, 2 CARTES EN COULEUR

1 volume grand in-8° jésus

PRIX : Broché. . . . . 10 fr.
— Relié toile, tranches dorées, plaque. 14 fr.

GUSTAVE LE BON

LES

PREMIÈRES CIVILISATIONS

OUVRAGE ILLUSTRÉ DE 434 GRAVURES ET RESTITUTIONS

9 GRANDES PLANCHES TIRÉES A PART, 2 CARTES

1 volume grand in-8° jésus

PRIX : Broché. . . . . 10 fr.
— Relié toile, tranches dorées, plaque. . 14 fr.

Souscription permanente de ces deux ouvrages en livraisons
à 10 centimes et en séries à 50 centimes

Dans la même collection, en préparation

CH. BRONGNIART

HISTOIRE NATURELLE

Édition grand in-8° illustrée

ALPHONSE DAUDET

LA BELLE-NIVERNAISE
Histoire d'un vieux Bateau et de son Équipage
ÉDITION DE GRAND LUXE

Illustrée par MONTÉGUT, de 200 Gravures dans le texte et de 21 Planches à part tirées en phototypie

Un beau volume grand in-8° jésus

Prix : broché, 10 fr. — Relié toile, tr. dor., pl. or, 14 fr.
Demi-chagrin, 16 fr.

HECTOR MALOT

LA PETITE SŒUR

Un beau volume grand in-8° jésus

ILLUSTRÉ

PAR CHAPUIS, DASCHER, G. GUYOT, H. MARTIN, MOUCHOT, ROCHEGROSSE, VOGEL

GRAVURE DE F. MÉAULLE

PRIX :

Broché : 10 fr. — Relié toile, tranches dorées : 14 fr.
Demi-chagrin, tranches dorées : 16 fr.

ALPHONSE DAUDET

TARTARIN SUR LES ALPES
ÉDITION ILLUSTRÉE DE 150 COMPOSITIONS
PAR
MM. MYRBACH, ARANDA, DE BEAUMONT, ROSSI, MONTENARD
Frontispice et couverture, aquarelles de ROSSI
PORTRAIT DE L'AUTEUR

Un volume in-18. — Prix . . . . 3 fr. 50
Reliure toile, plaque : 5 fr. — En belle reliure d'amateur : 6 fr.

TARTARIN DE TARASCON
ÉDITION ILLUSTRÉE
PAR MONTÉGUT, ROSSI, MIRBACH, ETC.

Un volume in-18. — Prix . . . . . . 3 fr. 50

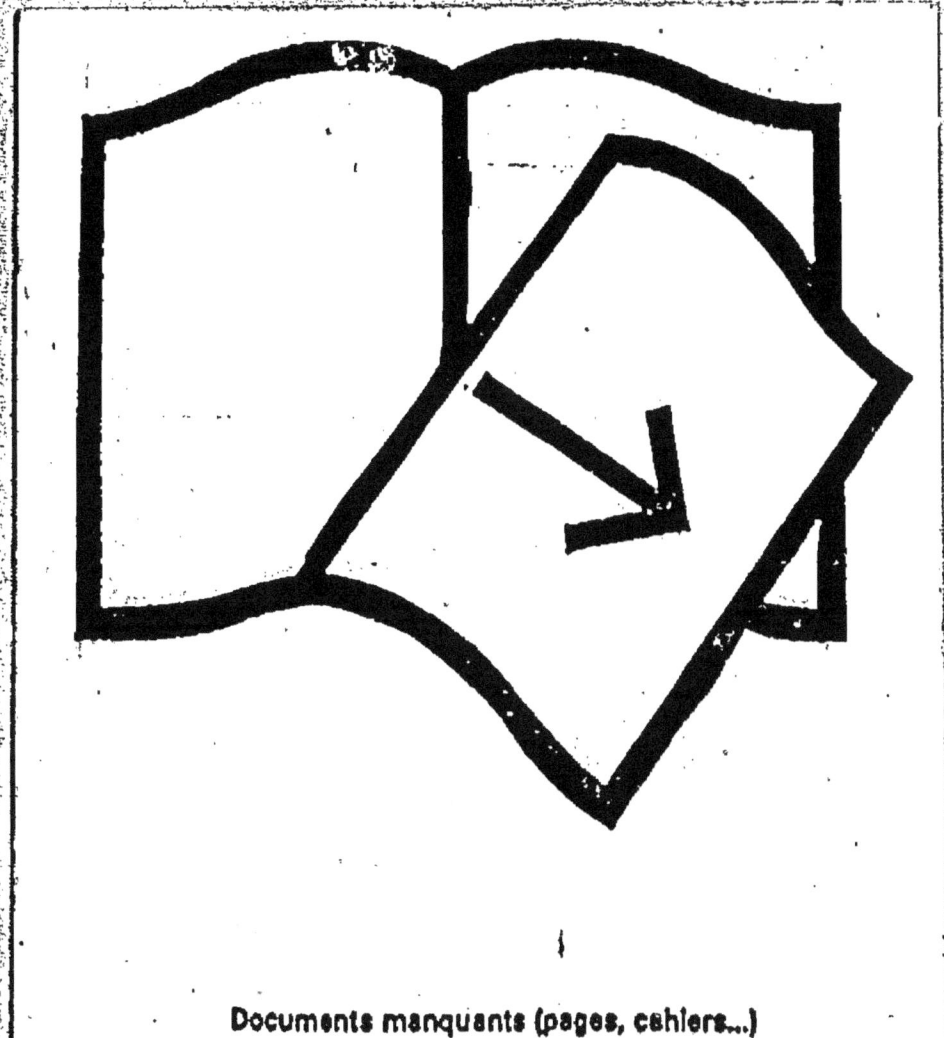

Documents manquants (pages, cahiers...)
NF Z 43-120-13